JOURNAL DE STEFAN

JOURNAL DE STEFAN

TOME 3

D'après les romans de L.J.Smith et la série télé
développée par Kevin Williamson et Julie Plec

Traduit de l'anglais (États-Unis)
par Aude Lemoine

hachette

Traduit de l'anglais (États-Unis) par Aude Lemoine

Photo de couverture/Key Artwork :

L'édition originale de cet ouvrage a paru en langue anglaise chez HarperTeen, an imprint of HarperCollins Publishers, sous le titre :

Stefan's Diaries, vol. 3 : The Craving
Published by arrangement with Rights People, London.

Hachette Livre, 43 quai de Grenelle, 75015 Paris.

PROLOGUE

Plus rien n'est comme avant. Ni mon corps, ni mes désirs, ni mon appétit.

Même mon âme a changé.

En l'espace de dix-sept ans seulement, j'ai été témoin d'un nombre anormal de tragédies – tragédies dont je suis pour beaucoup responsable. Je porte en moi le souvenir de ma mort et de celle de mon frère. Le moment où nous avons poussé notre dernier souffle dans les bois moussus de Mystic Falls me hante, ainsi que l'image de la dépouille mortelle de mon père, sur le sol du bureau de notre splendide demeure, Veritas. Je peux encore sentir l'odeur de brûlé de l'église où les vampires de la ville ont péri par le feu. Ma bouche n'a pas non plus oublié le goût du sang de mes victimes, dont j'ai causé la perte par pure soif, en toute indifférence. Mais ce dont je me souviens le plus précisément, c'est le garçon curieux et rêveur que j'étais, et, si mon cœur battait toujours, il se briserait à l'idée de la créature vile que je suis devenu.

Pourtant, bien que les molécules de mon organisme aient mué au point d'être méconnaissables, le monde continue à tourner comme si de rien n'était. Les enfants grandissent, leurs visages rondelets s'affinant à mesure que les années passent. Les jeunes couples échangent des sourires secrets en parlant de la pluie et du beau temps. Les parents dorment quand la lune veille, puis émergent des profondeurs de leur sommeil aux premières lueurs du soleil. Ils mangent, ils travaillent, ils aiment. Et toujours, leurs cœurs battent avec un élan et une constance tels qu'ils ont sur moi un effet hypnotique semblable à celui de la mélodie d'un charmeur de serpent sur un cobra.

Une fois, par le passé, je me suis raillé de la monotonie de l'existence humaine, persuadé que mes pouvoirs m'en préservaient. Katherine, par son exemple, m'a enseigné que les vampires traversent les ans sans subir aucun préjudice, de sorte que je me suis senti libre de m'affranchir de la vie pour la savourer pleinement, d'un plaisir charnel à un autre, sans redouter un instant la moindre conséquence. Lors de mon séjour à La Nouvelle-Orléans, l'étendue de ma puissance nouvellement acquise, où force et vitesse ne connaissaient pas de limites, m'est montée à la tête. Chez les humains, j'ai fait d'autant plus de ravages que leur existence m'apparaissait futile, dénuée de tout sens. Chaque goutte de sang chaud renforçait mon sentiment d'être vivant, invincible, à l'abri de toute crainte.

Dans le sillon de ma soif, j'ai laissé de nombreux innocents, tués sans complexe. Les visages de mes victimes ont disparu avec le temps. À l'exception d'un.

Celui de Callie.

Sa chevelure rousse et flamboyante, ses yeux vert clair, la douceur de ses joues, cette façon qu'elle avait de se tenir debout, mains sur les hanches... Tous ces détails restent ancrés dans ma mémoire avec une douloureuse précision.

C'est Damon, mon frère et, autrefois, meilleur ami, qui a asséné à Callie le coup fatal.

En changeant Damon en vampire, je lui ai ôté la vie ; en représailles, il m'a donc pris la seule chose à laquelle je tenais : mon nouvel amour. Callie incarnait à mes yeux les principales valeurs de l'humanité. Elle célébrait la vie. Sa mort pèse lourdement sur ma conscience.

À présent, ma force s'est convertie en fardeau, ma soif intarissable en malédiction, et la promesse d'immortalité en terrible croix à porter. Les vampires sont des monstres, des assassins. Je ne dois plus jamais l'oublier ni laisser ce diable intérieur reprendre le pas sur moi. Bien que je sois condamné à assumer la responsabilité du choix coupable que j'ai fait pour mon frère, je dois néanmoins m'écarter au maximum du chemin de violence sur lequel il s'est engagé à tout prix. Si Damon se délecte de cette brutalité et de cette liberté, propres à notre nouvelle condition, je ne peux que les déplorer.

Avant de quitter La Nouvelle-Orléans, j'ai combattu le démon en lequel mon frère s'est changé. Maintenant, alors que je remonte vers le nord, là où personne ne me connaît, que ce soit en tant qu'humain ou en tant que vampire, le seul démon qui me reste à affronter, c'est le mien, assoiffé.

1.

Je détectai un pouls, signe de vie, non loin.

Les autres bruits de la ville se mêlaient pour former un fond sonore dont seuls se détachaient ces battements. Il s'était éloigné de ses frères pour sortir des sentiers bien balisés.

Le soleil avait entamé sa descente sur Central Park – ma terre d'exil depuis mon arrivée à New York, deux longues semaines plus tôt. Les couleurs de cette profusion naturelle et sauvage se fondaient avec délicatesse ; la frontière disparaissait entre les ombres et les objets auxquels elles se rattachaient. Des teintes orangées et camaïeux de bleu profond finissaient de percer un ciel bientôt rongé d'encre noire, tandis que le sol boueux paraissait se couvrir du velours d'une terre de Sienne.

Autour de moi, tout semblait figé, suspendu au fil de la fin de journée, quand les tours de garde se succèdent, les humains fermant leurs portes pendant que les créatures de la nuit – dont je fais partie – sortent chasser.

Grâce à la bague que Katherine m'a donnée, je peux me promener en plein jour, de même que tout être humain. Pour autant, ainsi qu'il en a été depuis la nuit des temps, il est plus facile pour un vampire de partir à la chasse entre chien et loup. Le crépuscule plonge dans le trouble ceux qui ne sont pas dotés des yeux et des oreilles de prédateurs nocturnes.

Le pouls que je poursuivais alors commença à s'atténuer... Son propriétaire s'éloignait. Prêt à tout, je m'élançai, tirant sur mes jambes pour gagner en vitesse. Je n'avais pas bu de sang depuis un moment ; pour cette raison, j'étais non seulement faible, mais également moins performant lorsque je cherchais une victime. En outre, je connaissais mal ces bois : leurs plantes m'étaient aussi étrangères que les gens que je croisais sur les pavés, à quelques centaines de mètres de là.

Toutefois, un chasseur placé dans un nouvel environnement reste un chasseur. Je sautai par-dessus un petit buisson et enjambai un ruisseau couvert de glace et dépourvu des poissons-chats oisifs que j'avais l'habitude d'observer dans mon enfance. Soudain, je glissai sur une pierre envahie par la mousse et m'écroulai au milieu de broussailles avec fracas. Je pouvais dire adieu à la discrétion dont j'avais fait preuve jusque-là.

Je devinai que ma proie sentait sa fin approcher. Seule et consciente du danger, elle se mit à courir.

Je devais faire peur à voir avec mes cheveux noirs en bataille, mon teint cadavérique, mes pupilles rougissantes – preuve que le vampire, en moi, émergeait. Courant et bondissant à travers les fourrés tel un fou, je déchirai les beaux vêtements dont Lexi, mon amie de La Nouvelle-Orléans, m'avait fait cadeau, notamment les manches de ma chemise en soie blanche.

Ma proie pouvait accélérer, elle ne m'échapperait pas.

Mon besoin de sang devint fort au point d'être douloureux. L'espoir de me contrôler était vain ; mes crocs percèrent violemment mes gencives. Au cours de la transformation, le sang me monta aux joues, chaud. Mes sens s'aiguisèrent, mes pleins pouvoirs en action.

Je me déplaçai à présent à vitesse surhumaine, plus vite, même, que les animaux. Avec l'énergie du désespoir propre à toute créature vivante, ma pauvre victime, paniquée à l'idée de mourir, chercha à se réfugier entre les arbres. Son cœur s'emballa : bam bam bam bam...

La modeste part d'humanité qui survivait au fond de moi avait beau m'inspirer des regrets, le vampire qui m'habitait éprouvait un besoin irrépressible de se nourrir.

Dans un ultime bond, je capturai ma proie : un écureuil bedonnant et gourmand qui avait quitté sa fratrie pour partir à la recherche de victuailles supplémentaires. Les secondes parurent s'égrainer tandis que, accroupi, je lui incisai, de mes dents, le cou pour aspirer son nectar de vie, goutte après goutte.

À l'époque où j'étais humain, j'avais mangé des écureuils, ce qui diminuait considérablement ma culpabilité. Chez nous, mon frère et moi chassions dans les bois touffus qui entouraient notre propriété. Même si les écureuils n'offraient pas grand-chose à manger la majeure partie de l'année, en automne, ils étaient au contraire rondelets, leur chair parfumée d'une saveur de noisette. Leur sang, en revanche, n'invitait pas à tant de réjouissance : il avait un goût rance. Je m'en nourrissais pour survivre, rien de plus. Et encore. Je devais m'obliger à boire, ce qui me rappelait avec ironie combien le sang humain, en comparaison, était enivrant.

Mais depuis le jour où Damon avait ôté la vie à Callie, j'avais juré que je n'approcherais plus jamais un être humain. Que ce soit pour le tuer, me nourrir de son sang ou bien... l'aimer. Tout ce que je leur apportais se résumait à de la douleur, voire signait leur arrêt de mort et ce, même contre ma volonté. Il en allait ainsi de la vie de vampire. Et de mon existence avec ce frère dévoré par son instinct de vengeance.

Dans l'orme qui s'élevait au-dessus de moi, un hibou hulula. À mes pieds, un tamia passa en courant. Mes épaules s'affaissèrent quand je reposai le malheureux écureuil à terre. Il restait si peu de sang dans son corps que sa plaie ne saigna même pas ; ses pattes, déjà, se raidissaient comme celles d'un cadavre. Sur mon visage, j'effaçai les traces de sang puis j'essuyai les poils de l'animal avant de m'enfoncer dans le parc et dans une solitude introspective alors qu'alentour une ville de presque un million d'habitants bouillonnait d'agitation.

Depuis ma descente du train, deux semaines auparavant, après un voyage clandestin, j'avais dormi au cœur du parc dans ce qui s'apparentait à une grotte. Pour chaque jour qui passait, je marquais d'une croix un bloc de béton. Sinon, le temps semblait s'évaporer vainement, avec fadeur. À côté de la caverne, une clôture délimitait un chantier sur lequel des hommes avaient rassemblé les restes d'un village rasé pour construire Central Park ainsi que le bric-à-brac architectural qu'ils comptaient utiliser en guise de décoration : fontaines sculptées, bustes en statue, linteaux, pas de porte et même des pierres tombales.

J'écartai une branche nue sur mon passage – le vent froid de novembre avait dévêtu quasiment tous les arbres de leurs feuilles – et je humai l'air. La pluie s'annonçait imminente. Mon passé au sein d'une région de plantations, couplé à mon expérience sensorielle de créature monstrueuse, me conférait le pouvoir de traiter plusieurs milliers d'informations à la fois sur le monde qui m'entourait.

Le vent tourna soudain, chargé de l'odeur familière ferreuse, écœurante mais grisante. Elle revenait, cette promesse de péché, avec son goût métallique.

Impossible de fermer les yeux sur la proximité de sang humain.

D'un pas, j'avançai dans la clairière, respirant par saccades, submergé par l'odeur de fer. Elle s'engouffrait partout, telle une nappe de brouillard. Je balayai du regard les environs.

Je repérai la grotte où je dormais d'un sommeil torturé à tourner dans tous les sens en attendant l'aube. À l'entrée de celle-ci se trouvait un enchevêtrement de poutres et de portes extraites à des maisons en ruines et à des cimetières profanés. Plus loin, je reconnus les statues et les fontaines blanches qui brillaient dans le parc.

Là, je l'aperçus. Situé au niveau de la base d'une statue de prince majestueux, le corps d'une jeune femme gisait, sa robe de bal virant peu à peu du blanc au rouge sang.

2.

Je sentis les veines de mon visage se gonfler – un effet de l'explosion de mon pouvoir. Sans attendre, mes canines s'allongèrent, sortant brutalement de mes gencives endolories. Sur-le-champ, j'adoptais ma posture habituelle de chasseur : orteils recroquevillés, prêts au départ, mains tendues comme pour griffer. Alors que je m'approchais d'elle, mes sens s'affûtèrent encore : mes yeux écarquillés analysaient la moindre ombre, mes narines dilatées absorbaient toute odeur. Même ma peau fourmilla dans un effort afin de déceler un changement de température, un courant d'air, une modification du pouls qui rythmait ce qui restait de vie. Oubliant ma promesse à moi-même, mon organisme, lui, était plus que disposé à trancher la chair, lisse et condamnée, afin d'en consommer l'essence.

La fille était de petite stature, sans être menue ni chétive. Je lui aurais donné seize ans. Sa poitrine se souleva dans un sursaut alors qu'elle luttait pour reprendre sa respiration. Elle avait des cheveux foncés, rehaussés de boucles d'or qui scintillaient au clair de lune. Des fleurs et des rubans de soie étaient tombés de ses tresses défaites ; épars, dans sa nuque, ils rappelaient l'écume qui flotte en bord de mer.

Sous sa robe déchirée par endroits, elle portait un jupon de soie d'un rouge soutenu, assorti au rouge du sang qui coulait de sa gorge sur son corsage, que bordait une bande de tulle blanc et vaporeux. L'un de ses gants en daim était immaculé tandis que l'autre arborait une couleur proche du noir tant il était imbibé de sang – à croire qu'elle avait essayé d'éponger sa blessure avant de s'effondrer.

Ses paupières aux cils épais et recourbés battaient sur ses yeux qui, parfois, se révulsaient. La fille s'accrochait à la vie, s'efforçant de rester consciente même si elle avait essuyé un acte d'une redoutable violence.

Je n'avais aucun mal à suivre les battements, même étouffés, de son cœur. En dépit de la ténacité de la victime, son pouls ralentissait ; je comptais plusieurs secondes entre chaque pulsation.

Bam-bam...

Bam-bam...

Bam... bam...

Le reste du monde baignait dans le silence. Il n'y avait plus que moi, la lune et cette fille au seuil de la mort. Sa respiration devint plus lente elle aussi. De toute évidence, elle rendrait l'âme d'ici quelques instants, mais je n'en serais pas coupable.

Je passai ma langue sur mes dents. J'avais fait de mon mieux, chassant un écureuil – un écureuil ! – pour étancher ma soif. Je faisais tout mon possible pour résister à la puissance de ma part d'ombre, à l'appétit féroce qui me rongeait à petit feu de l'intérieur, m'interdisant de donner libre cours à mon pouvoir.

Seulement, cette odeur...

Un parfum de rouille, épicé et sucré à la fois. Il me tournait la tête. Je n'y pouvais rien si la fille avait été attaquée. Je n'étais nullement responsable de la mare de sang qui se dessinait sur sa silhouette horizontale. Une petite gorgée ne ferait pas de mal... Pas plus, en tout cas, que ce qu'on lui avait déjà infligé...

Un délicieux frisson monta le long de ma colonne vertébrale pour se propager dans tous mes membres. Mes muscles se tendirent puis se relâchèrent malgré moi. Je m'approchai si près que, en allongeant le bras, je pouvais toucher la substance rouge.

Du sang humain ferait bien plus que me rassasier. Il m'apporterait chaleur et force. Ses vertus étaient aussi inimitables que son goût, il réveillerait le vampire que j'avais été à La Nouvelle-Orléans : imbattable, plus rapide que l'éclair et d'une puissance inégalée. Je serais à nouveau en mesure de contraindre les humains à m'obéir. Je pourrais noyer ma culpabilité en buvant et assumer pleinement la noirceur de mon existence. Je redeviendrai un vampire digne de ce nom.

À cet instant, j'oubliai tout : les raisons de ma venue à New York, les événements de La Nouvelle-Orléans ou le pourquoi de ma fuite de Mystic Falls. Callie, Katherine, Damon... Tous étaient perdus à jamais alors que m'attirait à elle, sans peine, la source de mon martyre mêlé d'extase.

Je m'agenouillai dans l'herbe, lèvres retroussées, découvrant mes canines.

Une goutte, rien qu'une, le temps de goûter, d'humecter mes lèvres desséchées. J'en avais tellement besoin. Et techniquement, je ne la tuerais pas. *Techniquement*, elle mourrait à cause d'une autre personne que moi.

Du sang coula en minces filets de chaque côté de sa bouche jusque sur sa poitrine, bougeant à l'unisson avec son cœur. Je me penchai vers l'avant, ma langue sortie… La fille peina à entrouvrir un œil dont la couleur verte, sous ses cils épais, me fit penser à un trèfle.

Ainsi qu'aux yeux de Callie.

La dernière fois que je l'avais vue, elle était couchée au sol, à l'agonie et sans défense, figée dans une pose semblable à celle de la fille. Callie était décédée d'une blessure au couteau dans le dos, Damon n'ayant même pas eu la décence de lui laisser la possibilité de riposter. Il l'avait poignardée au moment où sa garde était baissée : juste au moment où elle m'avouait combien elle m'aimait. Ensuite, avant que j'aie le temps de lui faire boire mon sang pour la sauver, mon frère m'avait écarté violemment et l'avait vidée de son sang. La laissant sans vie, il avait alors tenté de me tuer à mon tour. Sans l'intervention de Lexi, il y serait parvenu.

Dans un cri de rage, je retirai mes mains de la fille et tapai du poing le sol. Je forçai la soif sauvage de sang, visible dans mes pupilles et sur mes joues, à retourner d'où elle venait – dans les profondeurs sombres de mon être.

Lentement, je rassemblai mes esprits puis je fis pivoter le corps de la fille sur le côté pour en observer les blessures. Il était meurtri de coups de couteau ou d'une arme similaire, petite et à la lame tranchante. L'assaillant avait accompli un travail précis, frappant quasiment à la perfection juste entre les seins pour perforer profondément la cage thoracique. Son cœur, pourtant, n'avait pas été touché. Tout portait à croire que son agresseur avait délibérément voulu la faire souffrir : qu'elle perde peu à peu tout son sang plutôt que de mourir sur le coup.

Avec mes dents, j'entaillai mon poignet. La douleur m'aida à me concentrer : vive et localisée, elle se distinguait de celle qui accompagnait l'allongement de mes canines, lorsqu'elles perçaient mes gencives.

Je plaquai mon poignet sur sa bouche et fermai le poing de toutes mes forces. J'avais si peu de réserves de sang ; l'opération risquait de me tuer ou presque. Étant donné que je ne me nourrissais plus que de sang animal, je n'étais même pas persuadé que cela fonctionnerait.

Bam.

Pause.

Bam.

Pause.

Son muscle cardiaque continua à ralentir.

— Allez, suppliai-je. (Je serrai les dents de douleur.) Allez.

Les premières gouttes tombèrent sur ses lèvres. Elle grimaça et remua légèrement. Elle entrouvrit la bouche avec un air désespéré.

Je pressai plus fort encore mon poignet pour faire sortir le liquide rouge. Quand il finit par entrer en contact avec sa langue, la fille faillit s'étrangler.

— Avalez, lui ordonnai-je. Cela vous aidera.

Elle tourna la tête et refusa en marmonnant un « non ».

Sans tenir compte de ses faibles protestations, j'enfonçai mon poignet dans sa bouche pour l'obliger à boire.

Elle poussa un gémissement et se retint à nouveau de déglutir. Le vent, tout à coup, se leva, faisant froufrouter ses jupons. Un ver de terre s'engouffra plus profondément dans le sol, humide et tendre, pour se mettre à l'abri de l'air frais de la nuit.

La fille cessa alors de lutter.

Ses lèvres se refermèrent autour de ma blessure et, de sa douce langue, elle lécha la plaie puis se mit à aspirer mon sang.

Bam-bam.

Bam-bam.

Bam bam bam.

Sa main – celle au gant maculé de sang – frémit puis me saisit par le bras dans une tentative d'approcher au plus près de son visage. Elle voulait boire davantage. Je ne pouvais que trop bien la comprendre mais ne satisfis pas à sa requête.

— Ça suffit, déclarai-je.

Moi-même, je me sentais subitement fragile. Je dégageai ma main en dépit de ses petits cris. Son cœur battait avec plus de régularité à présent.

— Comment vous appelez-vous ? Où habitez-vous ? lui demandai-je.

Elle gémit et s'agrippa à moi.

— Ouvrez les yeux, commandai-je.

Elle s'exécuta et révéla une fois de plus son regard du même vert que celui de Callie.

— Dites-moi où vous habitez, lui ordonnai-je, soudain étourdi après avoir sacrifié mes dernières forces pour la secourir.

— Sur la Cinquième Avenue, répondit-elle d'un air absent.

Je m'efforçai de rester patient.

— Où, précisément, sur la Cinquième Avenue ?

— À hauteur de la Soixante-treizième Rue... Au un Soixante-treizième, est, finit-elle dans un murmure.

Je la pris dans mes bras, petite papillote parfumée de soie, de gaze et de dentelle refermée sur une chair chaude. Ses boucles effleurèrent mon visage, me chatouillant les joues et le cou. Ses paupières demeuraient closes, son corps, mou, entre mes bras. Du sang – je n'aurais su dire si c'était le mien ou le sien – goutta dans la poussière, par terre.

Spontanément, j'entamai ma course.

3.

À peine avais-je quitté le parc qu'un fiacre surgit au coin de la rue, suivi d'un policier à cheval. Je me dissimulai dans l'ombre, le souffle un instant coupé par la clameur qui m'assaillait.

J'avais trouvé La Nouvelle-Orléans démesurée – ce qu'elle était en comparaison avec Mystic Falls. Les bâtiments, les commerces, les bateaux y abondaient, concentrés dans le modeste périmètre de la ville, en bordure du Mississippi, où régnait une ambiance frénétique. Mais par rapport à Manhattan, ce n'était rien. Ici, les immeubles d'albâtre se hissaient jusqu'au ciel et des gens venus d'Italie, d'Irlande, de Russie, d'Allemagne et même du Japon et de la Chine parcouraient les rues pour y vendre leurs marchandises.

La nuit, le pouls de la ville continuait de battre intensément. La Cinquième Avenue était illuminée de joyeux rubans de lampes à gaz sifflantes, qui conféraient à l'artère pavée un halo doux et luxuriant. Un couple ricanant resserra son étreinte, sous des manteaux bien fermés, pour faire obstacle au vent. Un jeune livreur de journaux criait les gros titres : des histoires d'usines en feu et de corruption parmi les élus de la ville. Les cœurs tambourinaient dans une cacophonie infernale, martelant les poitrines, s'emballant. Les odeurs de poubelle associées aux effluves d'eau de Cologne et à ceux des peaux savonnées emplissaient les rues à l'instar de la végétation foisonnante dans la région d'où je venais.

Après avoir retrouvé mon calme, je courus jusqu'à l'ombre la plus proche, en marge du faisceau de lumière d'une lampe à gaz. Dans mes bras, la fille pesait lourd. En haut de la rue, un portier se tenait debout devant un hôtel résidentiel. À la seconde où il déplia son journal, je me dépêchai de le dépasser en chancelant à moitié sous le poids de mon fardeau. Bien sûr, si j'avais été au sommet de ma puissance, en supposant m'être nourri du sang d'humains tout ce temps, je n'aurais eu aucun mal à forcer mentalement l'homme à oublier ce qu'il avait vu. Mieux encore, j'aurais pu filer jusqu'à la Soixante-treizième Rue si vite qu'aucun œil humain ne m'aurait aperçu.

À hauteur de la Soixante-huitième Rue, je me glissai derrière un buisson pour éviter un ivrogne qui se dirigeait dans notre direction d'un pas mal assuré. À l'abri, derrière cette barrière de branches entremêlées, plus rien ne me distrayait du parfum sucré émanant du sang de la fille. Je m'obligeai à ne pas inspirer, maudissant le désir que j'éprouvais de l'égorger. Une fois l'ivrogne passé, je m'élançai au nord, vers la Soixante-neuvième Rue. Je priais pour que personne ne me remarque ni ne m'arrête pour m'interroger au sujet de la fille inconsciente que je transportais. Dans la précipitation, cependant, je heurtai du pied un caillou qui percuta les pavés dans un fracas pire que celui d'une arme à feu.

L'ivrogne pivota sur lui-même.

— Y a quelqu'un ? lança-t-il sans articuler.

Je plaquai mon dos au mur en calcaire d'une maison et formulai une prière silencieuse pour qu'il poursuive sa route. L'homme hésita, plissa les yeux – des yeux vitreux – puis s'écroula à terre avant de se mettre à ronfler.

La fille émit un nouveau gémissement et bougea un peu entre mes mains. Il ne faudrait plus beaucoup de temps avant qu'elle se réveille et s'aperçoive, en hurlant sans aucun doute, qu'elle était dans les bras d'un inconnu. Je me préparai mentalement et comptai jusqu'à dix. Après, comme si tous les démons de l'Enfer avaient été à mes trousses, je me lançai dans une course effrénée sans même me soucier de tenir ma charge avec délicatesse. Soixante-neuvième Rue, Soixante-dixième... Une goutte de sang échappée de la fille tâcha soudain ma joue. Dans mon dos, l'écho de pas résonna tandis qu'un cheval, au loin, hennissait.

Bientôt, nous parvînmes à hauteur de la Soixante-douzième Rue. Encore un pâté de maisons et nous serions arrivés. Je la déposerais sur le seuil de chez elle et me précipiterais en sens...

Seulement, face au numéro un de la Soixante-treizième Rue est, je marquai une pause.

La demeure dans laquelle j'avais grandi était immense. Mon père l'avait fait bâtir grâce à l'argent qu'il avait amassé dans son pays d'accueil, après son départ d'Italie. Veritas avait trois étages, une vaste terrasse ensoleillée qui couvrait tout le périmètre de la maison et des colonnes étroites qui s'élevaient avec élégance jusqu'au deuxième niveau. Elle était équipée de tous les articles de luxe disponibles malgré le contexte de blocus nordiste.

En comparaison, pourtant, cette bâtisse – disons plutôt ce manoir – paraissait gigantesque. D'un blanc immaculé, elle s'étendait sur presque toute la longueur de la rue. À chaque étage, une enfilade de fenêtres très rapprochées donnaient l'impression que des yeux vous scrutaient de l'intérieur. Des balcons en fer forgé, qui n'étaient pas sans rappeler ceux qui ornaient la demeure de Callie, à La Nouvelle-Orléans, saillaient à tous les niveaux ; des plantes grimpantes, desséchées et brunies, pendaient des enjolivures métalliques. Il y avait même des pinacles à l'européenne, pointant avec fierté vers des gargouilles sculptées dans la pierre.

Quelle ironie du sort pour moi : une maison gardée par des monstres !

Je parvins à la porte d'entrée, immense, en bois foncé. Après avoir délicatement posé la fille sur le perron, je soulevai la poignée en laiton pour frapper trois coups. Je m'apprêtais à tourner les talons, en direction du parc, lorsque l'imposante porte s'ouvrit à la volée, avec la légèreté apparente d'une modeste clôture de jardin. Un domestique se profila dans l'encadrement, au garde-à-vous. Grand et efflanqué, il était vêtu d'un simple costume noir. Nous échangeâmes un regard avant de considérer la fille.

— Monsieur… appela le majordome en se tournant vers une personne invisible de moi. (Il était d'un calme surprenant.) C'est Mademoiselle Sutherland…

Des cris et des bruits de pas traînants se firent entendre. Presque aussitôt, le hall d'entrée fut envahi par un nombre écrasant de personnes ; toutes arboraient la même mine soucieuse.

— Je l'ai trouvée dans le parc, commençai-je.

Je n'eus pas le temps de poursuivre.

J'entendis un froufrou de jupons et de robes en soie épaisse puis une dizaine de femmes et d'hommes – domestiques et parents confondus – se précipitèrent au-dehors pour cerner la jeune fille, papillonnant autour d'elle tel un essaim d'abeilles. L'odeur de sang humain, omniprésente, me donnait la nausée. Une femme plus âgée, parée de riches habits – la mère, présumai-je –, plaça immédiatement sa main sur le cou de la fille pour sentir son pouls.

— Henry ! Emmenez Bridget à l'intérieur ! ordonna-t-elle.

Avec délicatesse, le majordome souleva l'intéressée, sans ciller au moment où le sang se mettait à couler sur son gilet couleur crème. Un autre domestique le suivit, enregistrant les ordres de la mère, qui n'avait cessé de s'égosiller et dispersait les bonnes pour qu'elles retournent à leurs tâches respectives.

— Winfield, envoyez le garçon chercher un médecin ! Dites à Gertha de faire couler un bain chaud. Passez la consigne au cuisinier de préparer des sels ! Ôtez-lui immédiatement son corsage et dénouez son corset. Sarah, dans le coffre où l'on range les vieilles étoffes, vous trouverez de quoi faire des bandages. Lydia, appelez Margaret.

L'un après l'autre, les domestiques s'engouffrèrent par la porte, à l'exception d'un jeune homme en tenue de sport et casquette qui s'élança dans la rue, l'écho de ses chaussures fendant l'air de la nuit à chacune de ses foulées. On aurait dit que la maison, après avoir laissé s'écouler vie, famille et vitalité, rappelait ses occupants en son sein où elle garantissait leur confort et leur protection.

Même si je l'avais voulu, j'aurais été incapable de les suivre à l'intérieur. Les humains, que ce soit consciemment ou non, doivent sceller leur destin eux-mêmes en invitant leurs bourreaux. Si on ne les prie pas d'entrer, les vampires ne peuvent pénétrer dans l'enceinte d'une maison, quelle qu'elle soit, contraints à un exil forcé, loin de la promesse des cœurs chauds et des amitiés vraies qu'elle renferme, condamnés à rester spectateurs, seuls, dans la nuit.

Je fis demi-tour, conscient de m'être déjà bien trop attardé.

— Attendez une minute, jeune homme.

La voix de stentor sonnait si profonde et pleine de confiance qu'elle me retint malgré moi, comme si j'avais été sous l'emprise d'une puissance étrangère.

Sur le seuil se tenait un homme que je présumais être le maître de maison et père de la fille que j'avais secourue. Son embonpoint témoignait de son caractère de bon vivant. Il portait des vêtements en laine et tweed qui devaient coûter cher ; bien taillés, ils étaient néanmoins décontractés. « Détendu » résumait assez son attitude générale, de ses favoris roux à ses pupilles noires qui pétillaient, en passant par son sourire en coin, du côté gauche. Apparemment, il avait travaillé dur pour réussir : ses mains calleuses et les rougeurs autour de son cou attestaient qu'il n'avait pas hérité sa fortune.

L'espace d'un instant, une pensée surgit dans mon esprit : la facilité avec laquelle je pourrais le charmer et qu'il sorte de chez lui. Un pas suffirait... Au vu de sa forte corpulence, j'étais assuré de boire assez de sang pour tenir plusieurs jours. Dans ma bouche, une douleur vive se déclara, qui allait de pair avec le désir qui déclenchait la sortie de mes crocs et sonnait le glas de l'homme.

Pourtant, en dépit des nombreuses tentations auxquelles j'avais été confronté ce soir, cette vie était derrière moi.

— Je m'en allais, monsieur. Je suis soulagé que votre fille soit saine et sauve, dis-je en reculant d'un pas pour m'enfoncer dans l'ombre.

L'homme me retint de sa grosse main, posée sur mon bras. Il plissa le front mais, indépendamment du pouvoir que j'avais de le tuer sur-le-champ, je m'étonnai de sentir mon estomac, soudain, se nouer.

— Comment t'appelles-tu, fils ?

— Stefan, répondis-je. Stefan Salvatore.

Je me rendis aussitôt compte à quel point lui communiquer mon vrai nom était stupide compte tenu des dommages que j'avais causés à La Nouvelle-Orléans et à Mystic Falls.

— Stefan, répéta-t-il en me jaugeant de la tête aux pieds. Tu ne cherches même pas à obtenir de récompense ?

Je tirai sur les poignets de mes manches, gêné d'être aussi débraillé. Mon pantalon noir, d'où sortait mon journal, au niveau de la poche arrière, était tout fripé. Les pans de ma chemise, qui dépassaient, tombaient négligemment le long de mes bretelles. Je ne portais pas de chapeau, ni de cravate, ni même de gilet ; pour couronner le tout, j'étais sale et dégageai une vague odeur de terre.

— Non, monsieur. Je suis simplement content d'avoir pu aider, murmurai-je en retour.

L'homme resta d'abord silencieux, mes paroles ne semblant pas faire sens pour lui. Je m'interrogeai sur la possibilité que le fait d'avoir vu sa fille ensanglantée et si apathique l'ait plongé dans un état de profonde stupeur. Mais il finit par réagir.

— Sottises ! (Il serra mon épaule droite.) Je donnerais tout en échange de la sécurité de ma benjamine. Entre. J'insiste ! Fumons un cigare et portons un toast à ton secours en faveur de ma petite princesse.

Il me tira à l'intérieur, tel un maître qui force sur la laisse de son chien têtu pour le faire rentrer. Je commençai à protester mais m'interrompis à la seconde où je pénétrai dans le vestibule, magnifique. La pièce était lambrissée de cerisier recouvert d'un vernis foncé. Les fenêtres en vitrail censées illuminer le hall d'entrée pendant la journée scintillaient même de nuit, sous la lumière des lampes à gaz, tels des bijoux de couleur. Un escalier, majestueux, menait à l'étage supérieur ; sa balustrade semblait avoir été taillée directement dans des troncs d'arbre. À l'époque où j'étais humain, j'avais pour ambition de devenir un spécialiste de l'architecture ; j'aurais alors pu passer des heures à étudier cette demeure.

Mais avant que j'aie le temps d'apprécier à sa juste valeur le vestibule, l'homme me conduisit, en passant par un couloir, jusqu'à un salon à l'atmosphère feutrée. Sur le mur du fond, dans un âtre, une flambée attirait le regard. Des chaises au haut dossier et au coussin en soie étaient dispersées tout autour de la pièce tandis que les murs étaient tapissés d'un papier vert bouteille. Pour plus de discrétion, un billard avait été rangé derrière un canapé. Entre des fenêtres à croisée se hissaient des meubles aux étagères pleines d'ouvrages, de mappemondes et d'autres curiosités en tout genre. Mon père, qui collectionnait les ouvrages et les objets rares, aurait adoré cet endroit. Mon cœur se serra à l'idée que je le dépasserais en longévité.

— Cigare ? me proposa mon hôte en sortant une boîte.

— Non merci, monsieur.

Les cigares étaient d'excellente qualité, fabriqués à partir du tabac des plantations de mon État natal. Autrefois, j'aurais accepté plus que volontiers mais, sachant que le simple bruit d'un bec d'oiseau grattant l'écorce d'un arbre m'était difficilement supportable compte tenu de mes sens exacerbés, je n'osais imaginer ce qu'il en serait d'inhaler de grosses bouffées de fumée noire.

— Mmm. Tu ne te joins pas à moi ? (Il leva un sourcil suspicieux.) J'espère au moins que tu ne refuseras pas un verre ?

— Je ne dis pas non. Merci, monsieur.

Les mots, purement formels, quittèrent ma bouche sans que je réfléchisse ni interrompe ma série de cent pas.

— Tu m'en vois ravi, fils.

Il remplit mon verre d'un mélange à la teinte ambrée contenu dans une carafe en cristal ciselé.

— Donc, tu as trouvé ma fille dans le parc, résuma-t-il en me tendant mon brandy.

J'admirai le verre devant le faisceau lumineux de la lampe. Même sans être un vampire aux sens exacerbés, je l'aurais trouvé magnifique, avec son spectre multicolore de libellules irisées.

Je répondis à l'homme par un hochement de tête affirmatif et avalai une petite gorgée avant de m'asseoir dans le fauteuil en cuir qu'il m'indiquait. Sur ma langue, l'alcool semblait chaud et doux mais si, d'un côté, il m'aidait à me détendre, de l'autre, il créait en moi une certaine gêne. J'étais passé, sans transition, d'une vie sauvage au cœur du parc aux mondanités, chez un New-Yorkais richissime avec lequel je sirotais une liqueur raffinée. Et tandis que je brûlais d'envie de regagner à la vitesse d'un éclair les profondeurs de la nuit, la solitude qui s'insinuait en moi me poussait au contraire, avec force, à rester. Je n'avais adressé la parole à personne depuis deux semaines, et pourtant, j'avais bel et bien été convié dans un véritable palais où régnait une effervescence humaine sans pareil. Dans les quelques pièces voisines, je décelai la présence d'au moins une dizaine de domestiques et de membres de la famille dont moi seul pouvais distinguer les parfums entêtants. Je détectai également la présence de deux chiens dans la cuisine.

Mon bienfaiteur me considéra un instant d'une façon étrange et je me forçai à plus de concentration.

— Oui, monsieur. Je l'ai découverte dans la clairière, près des vestiges du Seneca Village.

— Que faisais-tu dans le parc à une heure si tardive ? m'interrogea-t-il, ses yeux plongés dans les miens.

— Je me promenais, racontai-je posément.

Je me préparais d'ores et déjà à sa question suivante qui augurerait d'une longue et pénible série portant sur ma situation et ce, en dépit de mes vêtements déchirés qui parlaient d'eux-mêmes. À sa place, j'aurais pressé une petite liasse de billets dans ma main et m'aurais raccompagné au plus vite à la sortie. Après tout, New York regorgeait de rapaces et même s'il ne pouvait le savoir ou encore moins l'imaginer, j'appartenais à la pire race d'entre eux.

Ce qu'il dit ensuite, toutefois, me laissa sans voix :

— La chance a tourné pour toi, fils ? (Les traits de son visage s'adoucirent.) De quoi s'agit-il ? Ton père t'a chassé de chez lui ? Tu as été impliqué dans un scandale ? Provoqué en duel ? Fait prisonnier par erreur ?

Ma mâchoire tomba. Comment avait-il pu deviner que je n'étais pas un vulgaire vagabond ?

Il lut dans mes pensées, sembla-t-il.

— Tes chaussures, fils, montrent de toute évidence que tu es un gentleman, malgré, disons... ton apparence actuelle, commenta-t-il avec un regard à mes pieds.

À mon tour, j'observai un instant mes chaussures : éraflées et crasseuses – je ne les avais pas cirées depuis la Louisiane.

— Coupe italienne, cuir véritable : les chaussures, c'est mon domaine.

Il tapa les siennes au sol ; elles avaient l'air d'être en crocodile.

— Cela a été mon premier métier. Je m'appelle Winfield T. Sutherland, propriétaire du commerce du même nom. Certains de mes voisins ont fait fortune dans le pétrole ou les chemins de fer ; moi, j'ai réussi de façon honnête : en vendant aux gens ce dont ils avaient besoin.

La porte du salon s'ouvrit soudain sur l'une des jeunes femmes que j'avais aperçues plus tôt. Elle entra avec calme et grâce, d'une démarche à la fois noble et efficace. Sa coiffe était d'une grande simplicité – semblable à celle d'une domestique – si ce n'est qu'elle soulignait la finesse de ses traits. On aurait dit la version épurée de la fille que j'avais trouvée dans le parc. Ses cheveux blonds, qui bouclaient naturellement en anglaises, présentaient une teinte plus cendrée. Ses cils, aussi épais mais plus longs, entouraient des yeux bleus colorés d'une petite touche de gris. Ses pommettes, un tantinet plus saillantes, contrastaient avec sa réserve naturelle.

Si mon jugement humain me permettait d'apprécier sa beauté, le vampire en moi ne voyait rien d'autre qu'un corps jeune et en bonne santé.

— Le médecin vient d'arriver mais, d'après Maman, elle va s'en tirer, expliqua la fille sans émotion. La blessure n'est pas aussi profonde qu'elle en avait l'air et, apparemment, elle est déjà en train de se refermer. Cela relève du miracle, à n'en point douter.

Sur mon siège, je bougeai légèrement, conscient d'être la source, même avec réticence, du miracle en question.

— Je te présente ma fille Lydia, intervint Winfield. La plus princière de mes princesses. Celle que tu as secourue, c'est Bridget. Elle est un peu... comment dire... fougueuse.

— Elle s'est enfuie non accompagnée d'un bal, expliqua Lydia avec un sourire fabriqué. Je pense qu'avec l'adjectif « fougueux » vous restez encore en deçà de la réalité, Papa.

Je tombai instantanément sous le charme de Lydia. Contrairement à Callie, elle ne respirait pas la joie de vivre, mais témoignait d'une intelligence et d'un sens de l'humour bien particuliers. Son père, à sa manière, me plaisait aussi, hormis son caractère colérique évident mais maîtrisé. En un sens, ce foyer me rappelait le mien à l'époque où j'avais une famille.

— Nous te sommes redevables pour tes services, Stefan. Permets-moi de te faire une proposition, avec toutes mes excuses si elle t'apparaît déplacée : mais étant donné que tu ne sembles pas avoir de maison où rentrer ce soir, pourquoi ne resterais-tu pas pour la nuit ? Il est trop tard pour ressortir et tu dois être exténué.

Je levai les mains pour protester.

— Je ne peux pas.

— C'est votre refus qui est impossible, décida Lydia.

— Je...

Dis non... Les yeux verts de Callie me revinrent en mémoire, accompagnés du souvenir de la promesse que je m'étais faite de rester à distance des humains. Seulement, le confort de cette splendide demeure m'évoquait tant mon ancienne vie, laissée derrière moi à Mystic Falls, qu'il me fut impossible d'agir selon la raison.

— J'insiste, mon garçon. (De sa forte main sur mon épaule, Winfield me poussa hors du salon.) T'offrir le gîte et le couvert est le moins que nous puissions faire. Accepte une bonne nuit de sommeil réparateur et un copieux petit-déjeuner.

— J'apprécie votre générosité mais...

— S'il vous plaît, insista Lydia en souriant légèrement. Nous vous sommes tellement reconnaissants.

— Je ferais pourtant mieux de...

— Excellent ! conclut le maître des lieux. C'est réglé. Nous en profiterons pour faire nettoyer et repasser tes vêtements.

Tel un cheval qui serait passé entre les mains d'une infinité de palefreniers avant une course, je fus accompagné par l'intendant des Sutherland, après avoir gravi un certain nombre de marches jusqu'à une aile retirée de la maison, sur la gauche, qui débouchait sur une ruelle exposée à l'est. Au lieu de ma caverne habituelle au milieu des pierres tombales dérobées, je dormirais sur le matelas en plumes d'un immense lit à baldaquin, dans une chambre où crépitait un feu, chez une famille d'humains qui m'avait accueilli, ravie, aussi promptement que si j'avais été l'un des siens.

La faim continuait à agiter le vampire en moi. Sans pour autant que cela empêche l'homme que j'étais d'apprécier dignement le prix de cette vie perdue.

4.

Le 5 novembre 1864

Ma transformation semble très éloignée dans le temps mais c'est faux ; peu de temps s'est écoulé depuis le jour où mon père m'a tué. Le moment où Damon et moi avons tenté de sauver la vie de Katherine – bien que ce soit finalement son sang qui nous ait sauvés – remonte à un mois à peine. À cette époque, j'appartenais au monde des vivants, du sang chaud coulait dans mes veines et je me sustentais de viande et de légumes, de fromage et de vin tandis que, le soir, je dormais sur un matelas en plumes, entre des draps frais en lin.

Pourtant, ces souvenirs me paraissent vieux de plusieurs siècles.

Toutefois, de même que ma chance a brutalement tourné à mon départ de La Nouvelle-Orléans, me contraignant à vivre à présent tel un mendiant dans une caverne rocailleuse au milieu d'un parc, me voici attablé à un bureau, sous une fenêtre en verre de cathédrale, un tapis épais à mes pieds. Et la rapidité avec laquelle je me suis reglissé dans la peau d'un être humain ne cesse de m'étonner.

Les Sutherland me font l'impression d'une gentille famille. Je me représente l'impétueuse Bridget et sa grande sœur d'une patience à toute épreuve comme nos doubles féminins, à Damon et à moi. Je ne m'étais jamais rendu compte à quel point les conflits de mon frère et de Père – à propos des chevaux ou pour des histoires de filles – étaient insignifiants. Je redoutais toujours que l'un ou l'autre dise ou fasse quelque chose qui mettrait un terme définitif au semblant de famille qui nous restait.

Maintenant que mon père est décédé et que mon frère et moi sommes devenus... ce que nous sommes, je m'aperçois que les choses peuvent être bien plus compliquées, et que, en comparaison, ma vie d'avant était non seulement simple, mais facile.

Je ne devrais même pas être ici, ce soir. Au contraire, je devrais m'enfuir par la fenêtre pour rejoindre au plus vite mon lieu d'exil. Rester dans le chaleureux cocon des Sutherland – ne serait-ce que le temps d'une nuit – est en soi suffisamment dangereux et trompeur. Pour un peu, je croirais pouvoir faire à nouveau partie de l'univers des humains. Si seulement ils savaient qu'ils ont ouvert leur porte à un rapace. Il suffirait que je perde le contrôle une fois, rien qu'une seule, que, par exemple, je me faufile hors de ma chambre pour aller subrepticement me rassasier auprès de l'un d'entre eux, pour que leur vie soit soudain assombrie par une tragédie, à l'instar de la mienne le jour où Katherine était arrivée chez nous.

J'ai toujours fait passer la famille avant tout et je mentirais si je n'admettais pas qu'être entouré de gens qu'on aime est très réconfortant, même le temps d'une courte nuit...

Pour la première fois depuis que j'avais quitté La Nouvelle-Orléans, je me levai avec le soleil, bien décidé à m'éclipser dans le brouillard matinal avant que l'on n'ait l'occasion de venir me chercher pour le petit-déjeuner. Seulement, il était difficile de résister à l'appel des draps en lin amidonnés, au matelas moelleux, aux étagères de livres et au spectacle pictural du plafond de ma chambre.

Après avoir admiré la fresque d'angelots ailés peinte au-dessus de moi, je dégageai néanmoins les couvertures douillettes pour m'extraire avec difficulté du lit. Sous ma peau au teint pâle, chacun de mes muscles, saillants, regorgeait de force, mon pouvoir à son paroxysme, même si tous les os de ma cage thoracique ressortaient. Mes hôtes avaient pris mes habits pour les laver mais avaient omis, en échange, de me prêter un vêtement pour dormir. Je me délectai du plaisir que me procuraient les rayons de soleil, de leur chaleur qui contrastait avec le froid ambiant de la chambre. J'avais beau savoir que jamais je ne pardonnerais à Katherine d'avoir fait de moi un monstre, je lui étais au moins reconnaissant de m'avoir donné cette bague en lapis-lazuli qui me protégeait de la lumière du jour autrement fatale.

La fenêtre, entrouverte, laissait passer une brise qui rafraîchissait la pièce et faisait voleter les rideaux diaphanes. Bien que devenu insensible aux changements de température, je fermai la fenêtre et la verrouillai avec perplexité. J'aurais juré que tous les loquets étaient en place, la veille au soir. Avant que j'aie le temps de poursuivre mon analyse, le bruit de pulsations cardiaques qui annonçait le rapprochement d'un humain se fit entendre. On frappa timidement à la porte ; elle s'ouvrit aussitôt. Lydia passa sa tête par l'entrebâillement et rougit au spectacle de ma quasi-nudité. Elle détourna le regard.

— Père craignait que vous ne partiez sans dire au revoir. On m'a envoyée m'assurer que vous ne tentiez pas de charmer une bonne pour qu'elle vous aide à vous sauver.

— Je ne suis pas exactement en état de vous fausser compagnie avec discrétion, dis-je en couvrant mon torse de mes bras. Pour ce faire, j'aurais besoin de mon pantalon.

— Ce ne sera pas long : Henry va vous l'apporter dès qu'il aura fini de le repasser, répondit-elle sans lever les yeux du sol. Entre-temps, une salle de bains est à votre disposition au bout du couloir à droite si vous le souhaitez. Ensuite, vous êtes attendu pour le petit-déjeuner.

J'acquiesçai d'un signe de tête, me sentant piégé.

— Et Stefan… (Lydia leva brièvement les yeux, le temps de croiser les miens.) J'espère que vous serez également en mesure de mettre la main sur une chemise.

Après un sourire, elle prit congé.

Au moment où je descendis enfin pour manger, le clan Sutherland au complet m'attendait. Même Bridget, bien vivante, était présente, engouffrant une tartine de pain après l'autre dans sa bouche. À croire qu'elle n'avait rien avalé depuis deux semaines. Mis à part sa grande pâleur, aucun indice ne trahissait le fait qu'elle ait frôlé la mort, le jour précédent.

À mon arrivée, tout le monde se tourna et laissa échapper un hoquet de surprise. Visiblement, je n'avais plus rien du héros en bras de chemise qu'ils avaient découvert avant la nuit. Avec mes chaussures italiennes vernies étincelantes de propreté, mon pantalon à pinces, une nouvelle chemise, toute propre, et la veste que Winfield m'avait fait porter par un domestique, j'étais un autre homme : un gentleman. J'avais même lavé mon visage et peigné mes cheveux vers l'arrière.

— Notre chef a préparé des flocons d'avoine spécialement pour vous si cela vous fait envie, m'apprit

Mme Sutherland, qui montrait un bol de céréales blanches à la consistance pâteuse. Nous en mangeons rarement mais nous avons pensé que notre hôte, compte tenu de ses origines, apprécierait.

— Je vous remercie, madame, dis-je en m'installant sur la chaise vide, près de Bridget.

D'un rapide coup d'œil, j'examinai la nappe qui couvrait la grande table en bois. Après le décès de ma mère, Damon, mon père et moi avions pris l'habitude de partager nos repas, dans une atmosphère détendue, avec les hommes de la plantation. En général, le premier repas de la journée consistait en un repas classique de travailleur : bouillie de maïs, sablés, pains et sirop, tranches de bacon. Ce qu'on servait à la résidence Sutherland aurait transi de honte les meilleurs restaurateurs de Virginie. Des toasts à l'anglaise étaient disposés avec soin sur des présentoirs en argent, on avait le choix entre cinq sortes de confiture, deux sortes de bacon, des crêpes, du sirop et même du jus d'oranges fraîchement pressées. Le service en porcelaine était orné de motifs bleus hollandais et l'argenterie dépassait en nombre tout ce que j'avais vu dans ma vie au cours des repas les plus formels.

Regrettant de ne plus avoir l'appétit d'un homme de mon âge, j'ignorai la soif qui bouillait dans mes veines et m'attaquai aux plats en feignant d'être affamé.

— Merci beaucoup, répondis-je à la maîtresse de maison.

— Voici donc le sauveteur de ma petite sœur, annonça la seule femme à table que je ne connaissais pas.

— Permets-moi de te présenter mon aînée, Margaret, intervint Winfield. La première à se marier et à nous donner des petits-enfants, espérons.

— Papa, le sermonna l'intéressée avant de reporter son attention sur moi. Enchantée.

Contrairement à Bridget qui respirait la vie, encore soumise aux rondeurs de l'enfance, et à Lydia qui symbolisait l'élégance et la culture, Margaret incarnait le bon sens pratique, la curiosité d'esprit et la franchise que soulignaient des yeux bleus inquisiteurs. Sa chevelure, noire, était plutôt raide.

— Nous discutions justement de ce qui peut bien déclencher les actes irréfléchis de cette enfant, raconta Winfield pour faire référence à la veille.

— Je ne sais pas pour quelle raison je me suis enfuie, répondit Bridget avec une moue avant de boire une grande gorgée de jus d'orange. (Ses sœurs échangèrent un regard mais le père s'inclina vers l'avant, le front marqué par des rides d'inquiétude.) J'ai senti qu'il fallait absolument que je m'en aille. Alors je suis partie.

— Ta conduite était imprudente. Je dirais même dangereuse, la gronda sa mère en secouant sa serviette. Tu aurais pu mourir !

— Je suis ravi de vous voir tous si bien portants ce matin, repris-je avec politesse.

Bridget sourit de toutes ses dents entre lesquelles des morceaux de pulpe d'orange étaient coincés.

— C'est le moins qu'on puisse dire, déclara soudain Margaret. (Elle fit teinter sa cuillère à œuf sur le bord de son assiette.) Vous dites l'avoir découverte maculée de sang, dans le parc ?

— C'est exact, madame, confirmai-je avec prudence.

De ma fourchette, je piquai le plus petit morceau de bacon de mon assiette.

Cette sœur semblait plus perspicace que les autres et n'éprouvait aucune gêne apparente à poser des questions embarrassantes.

— Il y avait énormément de sang et la robe de Bridget était déchirée, insista-t-elle. Vous n'avez pas trouvé étrange qu'il n'y ait pas de blessure ?

— Euh... balbutiai-je.

Dans ma tête, les scénarios fusaient. Que pouvais-je répondre ? Que j'avais imaginé qu'il s'agissait du sang de quelqu'un d'autre ?

— J'avais cru comprendre, hier, qu'il y avait une entaille causée par un couteau, rappela Mme Sutherland. (Elle pinça les lèvres.) Sauf que ce n'était que du sang coagulé. En nettoyant, la fausse plaie a disparu.

Le regard de Margaret me transperça.

— Peut-être saignait-elle du nez... ? marmonnai-je sans conviction.

— D'après vous, il n'y avait donc pas d'agresseur sur les lieux lorsque vous avez repéré ma sœur ? voulut savoir Margaret.

— Oh, Meggie, toi et tes interrogatoires ! intervint Winfield. C'est un miracle que Bridget soit en vie. Dieu merci, Stefan l'a trouvée à temps.

— Bien sûr. C'est un miracle, oui, reconnut sa fille. Et que faisiez-vous dans le parc hier soir, tout seul ? poursuivit-elle sur un ton plus apaisé.

— Je me promenais, dis-je en me souvenant de ma réponse à son père, la veille.

Après une nuit de sommeil, je m'étonnais tout à coup que le père ne m'ait pas demandé autre chose que mon nom et les raisons de ma présence au parc. Dans un moment pareil, sachant que sa fille venait d'être victime d'un tel assaut, c'était plutôt inhabituel pour un maître de maison d'ouvrir sa porte à un étranger. Mais encore une fois, Père avait accueilli Katherine lors de son arrivée à

Mystic Falls, alors qu'elle prétendait être une orpheline cherchant refuge.

Au fond de moi, je ne pouvais m'empêcher de penser que, peut-être, notre histoire se serait déroulée autrement, que toute la lignée des Salvatore n'aurait pas été décimée si seulement nous avions pris la peine d'interroger Katherine à propos de son passé au lieu de nous envelopper dans cette pudeur quand il s'agissait d'évoquer la tragédie qui avait emporté ses parents. Naturellement, Katherine avait une telle emprise sur mon frère et moi que cela n'aurait peut-être rien changé.

Margaret se pencha par-dessus la table et insista au lieu de me laisser tranquille par politesse, comme son père avant elle :

— Vous n'êtes pas de la région, si j'ai bien compris ?

— Je suis originaire de Virginie, l'informai-je alors que, déjà, sa bouche s'était ouverte pour formuler la question qui suivait et tombait sous le sens.

Étonnamment, je me sentais mieux à l'idée de révéler au moins en partie la vérité à ces gens. En outre, je ne tarderais pas à quitter leur maison et ne les croiserais plus jamais.

— De quel endroit, précisément ?

— Mystic Falls.

— Jamais entendu parler.

— C'est une petite ville avec une rue commerçante unique et des plantations autour.

Sous la table, quelque chose bougea et j'en conclus que soit Bridget, soit Lydia essayait de donner un coup de pied à sa sœur. Si l'une d'entre elles y parvint, Margaret ne laissa rien paraître.

— Avez-vous terminé vos études ? reprit-elle.

— Non, madame. J'avais l'intention d'entrer à l'université de Virginie mais la guerre m'a contraint à reporter ce projet.

— La guerre n'apporte rien de bon, estima Winfield en piquant un morceau de bacon de sa fourchette.

— La guerre a nettement ralenti les voyages de loisir entre les États, ajouta Margaret.

— Quel rapport ? dit soudain Bridget.

— Votre sœur est en train de suggérer que j'ai mal choisi mon moment pour voyager au nord, l'éclairai-je. Mais mon père est décédé récemment...

— Il est mort à la guerre ? s'empressa de demander la benjamine.

Lydia et sa mère la foudroyèrent du regard.

— Indirectement, oui. (La guerre avait coûté la vie à mon père. Si ce n'est que cette guerre était dirigée contre les vampires. Contre moi.) Ma ville... a brûlé. Je n'ai plus rien là-bas.

— Donc, vous êtes venu dans le Nord ? ajouta Lydia.

— Pour t'essayer aux affaires, peut-être ? suggéra Winfield, plein d'espoir.

L'homme avait beau avoir trois filles superbes, il n'avait pas de fils. Personne pour fumer le cigare avec lui et déguster un brandy. Aucun héritier qu'il aurait pu pousser, encourager ou au contraire concurrencer dans le domaine des affaires. La lueur, dans ses yeux, posés sur moi à cet instant, m'inquiétait autant qu'elle m'amusait. Les familles dont les fils étaient de bons partis ne devaient pourtant pas manquer à Manhattan.

— Quoi que je fasse, je compte réussir dans la vie par mes propres moyens, déclarai-je avant d'avaler une gorgée de café.

De toute manière, je n'avais pas le choix : Lexi et Katherine n'étaient plus là pour me guider. Et si je recroisais un jour le chemin de Damon, la seule chose vers laquelle il me conduirait serait un pieu aiguisé au plus tranchant.

— Où logez-vous ? s'enquit Margaret. Vous avez de la famille ici ?

Je m'éclaircis la voix mais n'eus pas le temps de formuler mon premier vrai mensonge : Bridget gémit avant cela.

— Meggie, j'en ai assez de cet interrogatoire !

L'ombre d'un sourire passa sur les lèvres de Lydia qu'elle dissimula aussitôt derrière sa serviette.

— De quoi veux-tu que nous parlions ?

— De toi ? proposa Margaret, un sourcil arqué.

— Eh bien oui ! répondit sa cadette en balayant du regard la table.

Ses yeux brillaient du même vert que ceux de Callie mais, à cause de cette mauvaise humeur qu'elle ne faisait aucun effort pour cacher, elle avait cessé de me rappeler mon amour perdu.

— Je ne sais toujours pas pourquoi je suis partie précipitamment de cette soirée.

Margaret leva les yeux au plafond tandis que sa sœur secouait la tête.

— C'est vrai, vous auriez dû voir la façon dont on m'observait ! (Elle agita son couteau pour requérir l'attention générale.) La robe de Flora était particulièrement immonde, surtout sachant qu'elle vient de se marier. Par contre, ma nouvelle ceinture... Oh non ! J'espère qu'elle est intacte ! Maman ! La portais-je quand Stefan m'a ramenée hier ? Il faut que nous retournions au parc la chercher !

— Et que dirais-tu d'y retourner pour trouver la personne qui a essayé de te tuer ? lança Margaret avec sarcasme.

— Nous en avons déjà parlé avec l'inspecteur Warren. Il a promis qu'il enquêterait de près, rapporta

Mme Sutherland. Mais Bridget, tu dois me promettre de ne pas t'enfuir du bal des Chester ce soir ou bien je serai forcée de monter la garde dans ta chambre.

L'intéressée croisa les bras en maugréant.

— Et c'est valable pour toi aussi, ajouta la mère à l'intention de Lydia.

Ses joues s'empourprèrent.

— Lydia est tombée amoureuse d'un comte italien, confia Bridget, dont la moue s'était dissipée grâce au plaisir de propager des ragots. Nous croisons tous les doigts pour qu'il la demande en mariage. Ce serait fabuleux, n'est-ce pas ? Alors, nous deviendrions plus ou moins membres de la royauté nous aussi, et non plus de riches marchands. Imaginez : Lydia en comtesse !

Winfield laissa échapper un rire nerveux.

— Bridget...

Ses cils épais papillonnèrent.

— C'est merveilleux que Lydia ait un courtisan. Un comte, qui plus est. Après le mariage de Meggie, j'avais peur que Papa et Maman ne veuillent respecter la tradition et qu'ils ne me laissent pas me marier avant Lydia. Et qui sait combien de temps cela aurait pris !

— Lydia est... à part, décréta Mme Sutherland.

— Franchement, Maman ! (Bridget fit les gros yeux.) Comme si le moindre prétendant s'était manifesté auparavant ! Et tout à coup, elle revient avec un comte. C'est vraiment... vraiment trop injuste. Quand on y pense, si j'avais fait mon entrée dans la société comme il se doit...

Je pivotai légèrement sur mon siège, subitement embarrassé pour tout le monde, bien qu'en même temps soulagé de prendre part à une discussion aussi ordinaire : des querelles de famille. C'était la première fois que j'avais de la compagnie depuis que j'avais quitté Lexi.

— Il y a tant de beaux étrangers dans notre vie, ces temps-ci, pérora Margaret sur un ton mi-malicieux, mi-alarmiste. Quelle étrange coïncidence, M. Salvatore.

— Ça suffit maintenant, Margaret, la coupa son père.

— Et d'ailleurs, je n'ai personne pour m'accompagner chez les Chester, Maman, fit remarquer Bridget, son visage de plus en plus rouge comme si elle s'efforçait de pleurer. (Tout ce temps, elle me jeta des regards de côté.) Je suis persuadée que Milash refusera de me servir de cavalier après la soirée d'hier… J'ai affreusement besoin d'aide…

Bridget ouvrit de grands yeux, rivés à Winfield qui, les sourcils froncés, lissait ses favoris, perdu dans ses pensées. À cet instant précis, la benjamine du clan me parut aussi puissante qu'un vampire : elle pouvait faire plier son père au moindre de ses caprices. Margaret porta une main à son crâne pour simuler une migraine.

— M. Salvatore t'accompagnera, décida le maître de maison en pointant vers moi sa fourchette pleine. Il est venu à ton secours une fois et je suis certain que c'est un gentilhomme : il ne te laissera pas dans la détresse.

La famille entière me couvait du regard. Bridget, qui avait retrouvé le sourire, m'évoquait un chaton à qui l'on vient d'offrir un bol de crème.

Pour autant, je résistai.

— J'ai bien peur de ne pas être en possession de la tenue adaptée… commençai-je.

— C'est un problème bien peu compliqué à régler, répliqua Mme Sutherland avec un air complice.

— Une fois de plus, chuchota Lydia, si bas que j'étais le seul à pouvoir entendre, le pauvre M. Salvatore est à notre merci à cause d'un détail : il lui faut un pantalon.

5.

Le petit-déjeuner terminé, des bonnes débarrassèrent la table du service en porcelaine hollandaise tandis que Winfield se retirait dans son bureau, me laissant seul parmi les femmes Sutherland dans le salon baigné de soleil. Bridget, Lydia et leur mère avaient pris place sur le canapé en brocart pendant que, assis sur une méridienne en velours vert, je faisais semblant d'admirer une peinture à l'huile représentant la famille. En vérité, je réfléchissais au meilleur moyen de me sortir de ce guêpier. Mon dernier repas, bien piètre, semblait remonter à une éternité. À l'inverse, il devenait de plus en plus dur de résister à la douce mélodie de tous les cœurs battant à l'unisson sous le toit de cette superbe demeure.

Pendant que nous mangions, j'avais essayé à plusieurs reprises de m'extraire de la compagnie des Sutherland en vue de me glisser par la fenêtre ou de m'échapper en passant par les quartiers des domestiques. Seulement, à croire que mes intentions étaient aussi évidentes que si elles avaient été inscrites sur mon front, je fus incapable de trouver ne serait-ce que deux minutes de solitude. Quand je m'étais excusé pour aller aux toilettes, le majordome avait insisté pour m'escorter. Lorsque j'avais mentionné que j'aimerais aller m'allonger dans ma chambre, Mme Sutherland avait répondu que le canapé du salon était le meilleur endroit de la maison pour se reposer. J'avais beau comprendre qu'ils m'étaient reconnaissants de leur avoir ramené Bridget saine et sauve, je ne m'expliquais toujours pas qu'ils m'aient accepté comme l'un des leurs chez eux. Surtout compte tenu de l'état dans lequel j'étais en arrivant : sale, vêtu d'habits déchirés, les cheveux ébouriffés et couvert de sang.

— M. Stefan, m'interpella Margaret, adossée à la colonne qui séparait le salon du vestibule. Vous allez bien ?

— Absolument. Pourquoi demandez-vous ?

— Parce que vous tremblez tellement de la jambe que vous faites vibrer la chaise.

De ma main, j'exerçai une pression sur mon genou pour faire cesser les tremblements.

— En général, j'entame mes journées par une marche, mentis-je. (Je me relevai.) À ce propos, si vous voulez bien m'excuser, je pense que je vais aller me promener un peu au parc.

Margaret arqua un sourcil interrogateur.

— Nous allons finir par croire que le parc est votre deuxième maison.

— Vous ne croyez pas si bien dire ! (J'affichai un sourire ironique, me représentant ma grotte et ses statues environnantes.) J'ai toujours trouvé la nature d'un grand réconfort.

— Quelle merveilleuse idée ! s'écria Mme Sutherland en frappant dans ses mains. Verriez-vous une objection à ce que nous nous joignions à vous ? Il fait un temps splendide et un peu d'air frais ne pourra que nous être bénéfique.

— Maman, je pense qu'il vaudrait mieux que je reste ici pour récupérer.

Bridget, une main portée à son front, paraissait pourtant en excellente santé.

— Tu veux dire pour recevoir de la visite toute la journée et leur raconter tes mésaventures, rectifia Margaret qui agitait la tête en signe de réprobation. Je crains que vous ne deviez m'excuser aussi, Mère. J'ai plusieurs choses à régler à la maison, à présent que ma sœur semble tirée d'affaire et sachant que mon mari s'ennuie de moi.

— Je ne vois vraiment pas pourquoi, rétorqua Bridget brutalement.

Lydia décocha à sa sœur un regard noir tout en lui donnant une tape sur le bras. La mère des filles ignora leurs attaques sournoises et défroissa une cape pour l'enrouler autour de ses épaules.

— Suivez-nous, M. Salvatore. À nous trois, nous aurons tout autant de plaisir.

Luttant contre un pressant besoin de hurler de frustration – de quel stratagème faudrait-il que j'use pour m'extraire des griffes de cette famille ? –, je répondis d'un sourire forcé et offris mon bras à la maîtresse de maison.

À l'instant où nous passâmes la gigantesque porte en bois massif, le soleil m'agressa de ses rayons, dirigés droit dans mes yeux. Couleur citron, il brillait vivement au milieu d'un ciel d'un bleu parfait. Pour une matinée de début novembre, à pareille latitude, la douceur du temps était remarquable. Si le soleil avait formé un angle plus grand avec la terre, on aurait pu se croire au printemps.

Nous partîmes vers le sud puis nous traversâmes la Soixante-sixième Rue où nous pénétrâmes dans le parc par les grilles en fer forgé. En dépit des événements de la veille, ni Lydia ni Mme Sutherland ne montrèrent la moindre hésitation ou crainte. Je suppose que ma présence les rassurait assez. J'inspirai profondément l'air frais du matin – si frais, si pur, sembla-t-il, en comparaison des incidents survenus le jour d'avant. On aurait dit qu'avec le lever du soleil la terre entière avait été lavée de tous ses maux. Les pistils s'agitaient à l'extrémité de longues herbes et les fleurs, pleinement ouvertes, regardaient le ciel, absorbant leurs derniers rayons de soleil pour l'année. Les perles de rosée s'étaient déjà évaporées.

Nous n'étions pas les seuls à profiter du beau temps. Le parc regorgeait de familles et de couples. Une fois de plus, les différences entre le Nord et le Sud me frappaient. Chez les Yankees[1], les femmes portaient des couleurs vives, telles que nous n'en avions pas vu dans notre région depuis des années : dégradés de pourpre, jaunes flamboyants, bleus éclatants dans des matières comme la soie ou le velours ou encore des vêtements coûteux, venus d'Europe, tels que de la dentelle, des bas de la plus grande finesse ou des bottines en cuir.

Même la nature différait. Au Nord, les arbres, des érables, majoritairement, pittoresques et aux formes bien définies, ronde ou elliptique, se distinguaient de nos chênes, luxuriants et qui s'étalaient pour mieux absorber, du bout de leurs branches, jusqu'à la dernière goutte de

1. Personnes nées ou résidant dans le nord-est des États-Unis. (Toutes les notes sont de la traductrice.)

lumière solaire. Les pins étaient épineux, leur teinte tirant sur le bleu, par opposition à ceux du Sud, caractérisés par leur douceur et la délicate mélodie que la brise jouait grâce à eux, entre leurs branches.

Mme Sutherland et sa fille conversaient mais je ne suivais plus leur discussion depuis qu'un écureuil, traversant devant nous, avait attiré mon attention. Une ombre s'empara de moi, comme si un nuage sombre s'était placé devant le soleil. Mes instincts de prédateur s'éveillèrent. Il n'y avait rien d'alléchant dans ses yeux perçants ni dans sa queue touffue ; pourtant, en un éclair, les parfums me revinrent en bouche. L'odeur familière envahit mes narines et ma gorge se mit à me chatouiller d'envie.

— Je vous prie de m'excuser. Je... je pense avoir reconnu une personne que je connais.

Après cette banale excuse et la fausse promesse de revenir dans un instant, je partis en courant. Dans mon dos, je sentis les regards de Lydia et Mme Sutherland peser sur moi avec curiosité tandis que je disparaissais derrière un fourré.

J'y découvris ma proie, immobile, aussi innocente que Bridget avait dû le paraître à son agresseur. Alors que je m'approchais, la bête me remarqua mais elle ne bougea pas pour autant. Plus vite que mon ombre, je fondis sur elle. Et avec plus de rapidité encore, je l'achevai. Pendant que le sang animal s'infiltrait en moi – un repas misérable mais un repas quand même – je m'adossais contre un tronc, à la fois soulagé et fatigué. Jusqu'à présent, je ne m'étais pas rendu compte à quel point j'avais été sur les nerfs, effrayé moi-même par ma propre faim et par mes pulsions ainsi que par la façon dont elles pouvaient s'emparer de moi.

Mon soulagement fut tel que je n'entendis même pas Lydia approcher, ce qui anéantit mes chances d'évasion.

— Stefan ? dit-elle en scrutant les alentours, à la recherche de ma connaissance, sans aucun doute.

— Je me suis trompé de personne, marmonnai-je, rejoignant à reculons la mère et la fille sur le sentier.

Les deux parentes reprirent leur bienséante discussion et je les suivis à la traîne, me maudissant d'avoir d'aussi mauvais réflexes. Que m'arrivait-il ? J'étais un vampire. Me soustraire à l'attention des Sutherland pour m'échapper n'aurait pas dû poser le moindre problème, même en dépit de mon état de faiblesse. Une désagréable pensée fit son chemin au fond de mon esprit : l'autre explication que je trouvais à ma présence parmi cette famille était que je voulais y rester. De mon plein gré.

— M. Salvatore, vous ne dites pas un mot, constata Mme Sutherland.

De côté, je jetai un coup d'œil à Lydia : elle m'adressa un sourire de compassion.

— Je vous demande pardon. J'ai perdu l'habitude, dernièrement, d'être en compagnie, admis-je comme nous tournions pour emprunter la piste des chevaux.

Mme Sutherland serra ma main. À supposer qu'elle ait remarqué sa pâleur et sa température glaciale, elle dut les mettre sur le compte de la grande fraîcheur matinale.

— Vous voulez dire : depuis que vous avez perdu votre père ? s'enquit-elle avec gentillesse.

Je hochai la tête. Ce scénario semblait autrement plus facile que la réalité.

— Un de mes frères est décédé lors de la guerre du Mexique, me confia la femme au moment où nous dépassions une petite fille et son père qui promenaient un teckel à poil long. Entre mes neuf frères et sœurs et moi, nous étions les plus proches et, en dépit de notre grand nombre, personne ne le remplaça jamais dans mon cœur.

— Oncle Isaiah, murmura Lydia. Je n'ai pas grand souvenir de lui, si ce n'est qu'il était toujours gentil.

— Je suis désolé de l'apprendre. Loin de moi l'intention d'assombrir cette sortie, m'excusai-je.

— Se souvenir et porter le deuil d'un être cher ne doit pas nécessairement s'accompagner de tristesse, commenta Mme Sutherland. Il faut simplement... garder les morts présents parmi nous.

Ses paroles dissipèrent le brouillard qui habitait mon esprit, assailli par tant de questions, ces temps-ci : comment rester en contact avec la part d'humanité en moi tout en devenant un vampire digne de ce nom, comment ne pas perdre mon âme. Faire en sorte d'intégrer le passé au présent m'apparaissait comme primordial. À l'instar du souvenir que je conservais de Callie et grâce auquel je m'étais retenu d'attaquer Bridget, mon lien avec ma famille et ma vie d'avant me garantirait de rester humain.

Même si Mme Sutherland ne ressemblait nullement à ma mère, l'espace d'un court moment, à la lumière du soleil qui transperçait son chapeau et illuminait ses cheveux grisonnants, ses yeux bleus, vifs soudain adoucis par l'émotion, je m'imaginai qu'elle aurait pu être ma mère. Et que, en d'autres circonstances, j'aurais pu être heureux sous son toit.

Ma mère me manquait tellement. Le chagrin, immense, de l'avoir perdue avait beau s'être atténué avec les années, une douleur sourde subsistait au fond de mon cœur. Dans quelle mesure la tragédie qui avait frappé nos vies aurait-elle pu être évitée si elle avait toujours été parmi nous ?

Mon père me manquait lui aussi. Jusqu'au jour où je l'avais tué, je l'avais toujours respecté et profondément estimé. Je ne demandais qu'à prendre sa suite, m'occuper de la propriété familiale après lui et lui faire plaisir, autant que possible. J'aurais tant voulu qu'il me respecte et m'aime en retour.

Même mon frère me manquait. Ou plutôt celui qu'il était autrefois. En dépit de sa promesse de vengeance car je l'avais transformé en vampire, dans notre ancienne vie, il avait toujours été mon plus fidèle compagnon et meilleur ami, mon allié même dans le jeu, mon confident le plus proche. J'aurais donné cher pour savoir où il se trouvait à cet instant et quel tort il pouvait encore causer. Cependant, j'étais mal placé pour le juger : ma soif de sang avait également fait des ravages. Tout ce que je lui souhaitais, c'était de renouer avec sa part d'humanité comme moi.

— Vous êtes une femme pleine de sagesse, Mme Sutherland, dis-je en serrant sa main à mon tour.

Elle me sourit.

— Et vous, un jeune homme remarquable. À la place de votre mère, je serais très fière. Naturellement, je n'ai pas de fils. Rien qu'un gendre, pour le moment... conclut-elle avec une grimace.

— Mère ! Margaret et moi sommes, à notre façon, des jeunes femmes très accomplies, intervint Lydia, éludant le commentaire peu équivoque de sa mère sur ses gendres. Elle tient les comptes de Wally et moi, je m'occupe d'aider à créer cet organisme de bienfaisance pour mères à faible revenu.

Mme Sutherland m'adressa un sourire chargé de sous-entendus et je me surpris, soudain, à espérer. Peut-être trouverais-je un moyen de rester ici et de faire partie de cette famille. Le pari était dangereux mais j'arriverais peut-être à réussir. Si je pouvais maîtriser ma faim et faire des promenades quotidiennes avec Lydia et sa mère, les raccompagnant chez elles juste à temps pour prendre une tasse de thé ou pour rejoindre Winfield et me lancer dans un débat animé sur la guerre, cela pourrait fonctionner.

Lydia continua son argumentation, justifiant son indépendance sur fond des soupirs de Mme Sutherland, qui avait toutefois du mal à dissimuler sa fierté. Le soleil commença à chauffer davantage tandis que nous nous dirigions vers l'est au hasard des sentiers jusqu'à ce que nous empruntions un chemin que je reconnus tout de suite : il menait à Seneca Village. Chez moi.

Mon air subitement distrait suffit peut-être à expliquer l'attention de Mme Sutherland sur moi. Quoi qu'il en soit, elle constata brusquement, entre effroi et inquiétude :

— M. Salvatore... vous avez... un point rouge sur votre col.

Négligeant les conventions, Lydia tendit le bras pour essuyer la trace, frôlant mon cou par la même occasion. Sa proximité me fit tressaillir, de peur autant que de joie. Lorsqu'elle retira son doigt, il portait une marque de sang.

Je blêmis. Car c'était le cauchemar de ma vie. En dépit de toutes les précautions que je prenais, des efforts déployés pour me contrôler, pour vivre dans le secret permanent, une simple goutte de sang et je pouvais dire adieu à cet équilibre. Les gens me découvriraient alors sous mon vrai visage : un menteur, un meurtrier, un monstre.

Le rire de Lydia rompit le silence.

— C'est une tache de confiture, rien de plus, annonça-t-elle avec légèreté, en essuyant son doigt sur la branche d'un arbre qui se trouvait là. M. Salvatore, reprit-elle sur un ton taquin, je sais que nous avons veillé à ce que vous vous sentiez le plus à votre aise possible chez nous, mais ce n'est pas une raison pour oublier vos bonnes manières.

La mère se mit à réprimander la fille mais lorsqu'elle vit mon sourire soulagé, elle se laissa aller à sourire elle aussi. Bientôt, poursuivant notre route vers le soleil, nous éclatâmes tous de rire à l'idée que Stefan Salvatore, héros d'une nuit, se soit déjà transformé en hôte négligent.

6.

À notre retour de promenade, je fus non seulement soumis à une séance d'essayage, mais également piqué à maintes reprises alors que Mme Sutherland donnait au tailleur les instructions pour ajuster mon costume tout neuf. Je savais qu'il fallait que je parte ; pourtant, je ne pouvais encore me résoudre à m'arracher à la compagnie de la maîtresse de maison. Nous passâmes tout l'après-midi à parler de ma mère et de sa famille française ainsi que de mon projet d'aller un jour en Italie visiter la chapelle Sixtine.

Le temps passa si vite que le tailleur parut finir mon costume en un clin d'œil. Déjà, il faisait nuit. Moi-même, je dus reconnaître que mon habit était superbe. Dans mon plastron plissé blanc, mon haut-de-forme en soie et ma lavallière, je ressemblais à un prince raffiné à la tête d'un empire industriel. Winfield me prêta une de ses montres de gousset, très élégante avec ses cristaux d'or et pierres précieuses, et je choisis des boutons dorés, assortis. J'incarnais l'homme du monde à la perfection et culpabilisais d'y prendre autant de plaisir.

Bridget minauda lorsque je lui offris ma main pour l'aider à monter dans la calèche. Pourtant, ses jupes, en tissu épais, devaient l'embarrasser ; à la couleur près, orange au lieu de blanc, elles étaient identiques à celles de la veille. Du tulle couleur crème flottait tout autour d'elle, lui conférant l'apparence d'un croisement entre une danseuse dans la toile d'un peintre européen et une pâtisserie géante. Elle gloussa et trébucha, feignant une chute, puis en profita pour passer un bras autour de mon cou.

— Sauvez-moi encore une fois, gentil monsieur, dit-elle dans un rire.

Je me répétai qu'il ne me restait plus que quelques heures à devoir la distraire. Ensuite, peu importe le degré d'affection que j'éprouvais pour Mme Sutherland, je me jurai d'honorer ma promesse de laisser la famille reprendre sa vie normale en me fondant parmi la foule de danseurs, au bal, pour regagner ma tanière, dans le parc.

Au terme d'un court trajet, nous parvînmes jusqu'à une demeure aussi majestueuse que celle des Sutherland. Bâtie exclusivement en pierres, elle m'évoquait un château, exception faite de sa façade, percée de nombreuses fenêtres. J'assistai Bridget pour sa descente du véhicule, puis nous joignîmes la file d'invités qui attendaient d'entrer.

Dans ma précédente vie, j'avais eu maintes occasions de danser en société. Toutefois, je ne me sentais pas le moins du monde prêt à assister à un bal dans la ville de New York.

On me débarrassa de mon chapeau et de mon manteau et, parce que nous n'étions pas à Mystic Falls où tout le monde connaissait tout le monde, on me donna un ticket marqué d'un numéro afin que je puisse récupérer mes effets personnels à la fin de la soirée. Nous accédâmes à la salle de bal en passant par un couloir, éclairé par des bougies et des lustres, dont l'enfilade de miroirs en argent semblait sans fin. L'endroit étincelait comme à Versailles, pensai-je devant le millier de reflets argentés qui nous représentaient, Bridget et moi.

Un orchestre au complet, composé de violons, de violoncelles, de cors et de flûtes, jouait dans un coin, ses musiciens vêtus sans exception de noir. Une foule de danseurs, parés de leurs plus beaux atours, emplissait la pièce, d'une extrémité à l'autre. Les poignets des jeunes femmes, où s'arrêtaient des gants en tissu délicat, scintillaient sous des bracelets en diamant. Les robes de bal, en tourbillonnant, formaient un arc-en-ciel où prédominaient des teintes rouge et or. Le froufrou des jupes en gaze suivait le rythme enlevé de la mazurka interprétée par l'orchestre et le flot de tulle, de dentelle et de jupons en soie évoquait une pluie de pétales sur un lac.

En plus d'être ébloui par le spectacle des couleurs et des danseurs, les senteurs qui régnaient dans la salle m'assaillirent et accablèrent mes autres sens : parfums capiteux, fleurs exotiques émergeant d'immenses vases, transpiration et punch. Quelque part, je sentais également qu'une convive saignait, suite à la négligence d'une bonne ayant omis de retirer une épingle de sa robe.

— Vous êtes censé aller chercher un carnet de bal pour votre cavalière, me chuchota Lydia à l'oreille alors que, debout, je demeurais figé, abasourdi par la scène d'opulence qui se déroulait sous mes yeux.

— C'est... C'est Adelina Patti, là-bas ? bégayai-je, un doigt pointé vers le coin où une femme d'apparence modeste était entourée d'une horde d'admirateurs. La cantatrice ?

Je l'avais vue plusieurs fois en photo, mon père ayant mis un point d'honneur à ce que ses fils aient une connaissance étendue de la culture italienne, partie intégrante de leur héritage.

— Oui, confirma Bridget en levant les yeux au ciel et frappant du pied dans son bel escarpin en satin. Et là-bas, c'est le maire, Gunther. Par ici, John D. Rockefeller et... Pourriez-vous me conduire à ma place maintenant ? J'aimerais voir qui m'invite à danser.

Lydia laissa échapper une petite toux polie qui ressemblait étrangement à un ricanement.

— Dans le Sud, lui murmurai-je sur le côté de la bouche, on considère qu'il est impoli de trop danser avec sa cavalière.

De sa main gantée, Lydia couvrit le sourire sur ses lèvres.

— J'ai entendu dire qu'on y danse toujours le quadrille et qu'il n'y a pas de jeux de société dans les réceptions. Bon courage, M. Salvatore.

Sur ces paroles, elle disparut dans la marée humaine d'hôtes. Margaret sourit bêtement. Elle tenait le bras de son mari, Wally, un petit homme avec un pince-nez et un penchant flagrant pour les considérations sérieuses. Néanmoins, lorsqu'elle lui raconta quelque chose au creux de l'oreille, il sourit à pleines dents, subitement radieux. Une pointe de jalousie me piqua. Jamais je ne connaîtrais l'intimité et le bonheur d'un couple uni.

Les musiciens entamèrent une valse.

La lèvre inférieure de Bridget se tordit dans une moue.

— Et dire que mon carnet de bal est toujours vide !

— Mademoiselle, proposai-je en soupirant intérieurement.

Je m'inclinai légèrement et lui offris ma main.

Bridget dansait bien ; pour un peu, j'aurais éprouvé de la joie à la faire virevolter sur la piste. Le temps de cette courte valse, je pouvais oublier où j'étais, qui j'étais – pour l'heure, un simple homme en queue-de-pie dont les pieds touchaient à peine le sol de cette pièce remplie de charmantes personnes. Ma cavalière leva ses yeux verts sur moi et, l'espace d'un bref mais délicieux moment, je pus me bercer de l'illusion qu'elle était Callie, vivante, bien portante, heureuse et promise à une belle vie, comme elle le méritait tant.

Mon rêve éveillé prit fin à la seconde où la musique cessa.

— Restez avec moi, me supplia Bridget. Je veux que tout le monde nous voie !

Elle me traîna jusque dans la salle où on servait des rafraîchissements. On y proposait également toutes sortes de fruits exotiques, des sorbets aux saveurs rares, du véritable café viennois, du flan et des petits gâteaux au chocolat. En outre, une montagne de coupes de champagne s'élevait, à la disposition des convives. Les plus affamés avaient le choix entre un assortiment de volailles, de la caille à l'oie, savamment découpées en morceaux de la taille d'une bouchée afin que les danseurs puissent se sustenter rapidement entre deux danses.

Une fois de plus, je regrettais de n'éprouver aucune envie de nourriture. J'optai pour un verre de champagne.

— Hilda, Hilda, appela Bridget d'une voix qui portait étonnamment bien compte tenu de la foule d'invités.

Une très jolie jeune fille en robe rose tourna le dos au gentilhomme qui l'accompagnait, et son visage s'illumina quand elle aperçut Bridget. Sous des paupières papillonnantes, elle me toisa rapidement de la tête aux pieds.

— Je vous présente Stefan Salvatore ! Mon sauveur !

— Mademoiselle, la saluai-je avec une révérence.

Délicatement, je saisis l'extrémité de ses doigts pour le traditionnel baisemain. Bridget m'adressa un regard qui trahit la jalousie entamant sa satisfaction de me voir agir si poliment.

— Brooklyn Bridgey[1] ! Qui donc est votre ami ?

Un jeune homme tiré à quatre épingles, les iris pétillant de malice et un large sourire aux lèvres, se glissa jusqu'à nous. Son nez était pointu, ses cheveux, frisés et noirs. Les taches rosées sur son visage lui donnaient un vague air tuberculeux.

— Je vous présente Stefan Salvatore, annonça la jeune Sutherland avec un soin et une fierté similaires à ceux témoignés en présence de Hilda. Il m'a secouru lorsque j'étais sans connaissance, hier soir.

— Enchanté ! Abraham Smith. Appelez-moi Bram. (Il s'empara de ma main pour la serrer avec vigueur.) C'était affreusement vilain de votre part de quitter la soirée comme vous l'avez fait hier, non accompagnée, Bridget.

Bram agita un doigt sous son nez et l'intéressée grimaça.

— Brooklyn Bridgey ? relevai-je, sentant le vertige me gagner.

— Eh bien oui, le Brooklyn Bridge promet d'être le plus long et le plus incroyable pont suspendu jamais construit ! s'écria Bram, des étoiles dans les pupilles. Fini les

1. Jeu de mot entre Bridget, d'un côté, et Bridge, de l'autre, en référence au Pont de Brooklyn (Brooklyn Bridge, en anglais) qui rejoint l'île de Manhattan à cette banlieue new-yorkaise.

ferries, monsieur. Nous traverserons l'East River nous-mêmes, en voiture, dans les deux sens !

— Oh regardez ! s'exclama Bridget avec un cri perçant, en montrant du doigt, sans souci d'enfreindre les règles d'usage. Voilà Lydia et son galant ! Allons les voir.

J'eus tout juste le temps de saluer Hilda et Bram avec un air d'impuissance avant que Bridget ne me tire sans douceur par le bras en direction de sa sœur.

Le comte italien était cerné d'adorateurs parmi lesquels Lydia. Alors que nous approchions, je l'examinai plus en détail. Ses cheveux noirs de jais luisaient et son costume de cérémonie assorti lui allait à merveille. Il se déplaçait avec une grâce naturelle tout en contant son histoire avec de grands gestes de la main. À son doigt, un anneau brillait.

La vérité ne me sauta aux yeux qu'un court instant avant qu'il ne se retourne. On aurait dit qu'il m'attendait. Je fis de mon mieux pour cacher ma stupéfaction lorsque le regard bleu et glacial de mon frère se fixa au mien.

7.

Tous mes muscles se tendirent. Le temps sembla s'arrêter tandis que, les yeux dans les yeux, nous restions silencieux, attendant que l'autre se trahisse. Ma cage thoracique parut se refermer sur elle-même alors qu'un jet de colère éclatait en moi.

La dernière fois que j'avais vu Damon, il me surmontait, un pieu en main. Il venait juste de tuer Callie. Ses joues étaient creuses, son visage émacié suite à sa captivité. Là, il avait retrouvé son apparence humaine habituelle, celle du jeune homme qui charmait ces dames, depuis les serveuses dans les bars jusqu'aux grands-mères. Rasé de près, habillé pour les circonstances avec la plus grande élégance, il jouait à la perfection les humains en général et son rôle de comte italien en particulier. Tout le monde, dans la salle, était dupe.

Damon me jaugea, un sourcil levé, et le coin de sa bouche se tordit dans une grimace proche du sourire.

N'importe quel spectateur non averti aurait simplement pensé qu'il était content de faire la connaissance d'une nouvelle personne.

Mais moi, je voyais clair dans son numéro : mon frère tirait une grande satisfaction de cette mascarade, attendant avec impatience ma réaction.

— Stefan Salvatore, permettez-moi de vous présenter le comte Damon DeSangue, dit Lydia.

L'intéressé s'inclina juste ce qu'il fallait, sans bouger les hanches ou presque.

— DeSangue... répétai-je.

— Comte DeSangue, rectifia Damon avec bonhomie et un faux accent italien.

D'un sourire, il découvrit deux rangées de dents impeccablement blanches.

Non, pas ici, songeai-je, en rage. Pas ici, à New York, parmi cette famille innocente et pleine des meilleures intentions. Damon m'avait-il suivi ou bien était-il arrivé dans cette ville avant moi ? Quoi qu'il en soit, il était sur place depuis suffisamment longtemps pour que la pauvre Lydia se soit attachée à lui. Et que toute la bonne société new-yorkaise croie son histoire. Était-il possible que, dans une métropole aussi grouillante de monde, nous ayons réussi l'exploit de nous lier tous deux aux Sutherland par pure coïncidence ?

Mon frère me considérait à présent avec attention ; le reflet glacial, dans ses yeux, et la pointe d'humour sardonique qui transparaissait, pour autant, ne le quittaient pas, à croire qu'il lisait dans mes pensées.

— Stefan, Damon, quelque chose me dit que vous allez vous entendre comme des frères, tous les deux, lança Bridget.

— Dans ce cas, répondit aussitôt Damon avec une petite mimique suffisante, laissez-moi vous appeler « frère ». Et d'où venez-vous, Stefan ?

— De Virginie.

— Oh vraiment ? C'est drôle, j'étais récemment à La Nouvelle-Orléans et je parierais avoir rencontré un jeune homme qui vous ressemblait trait pour trait. Y êtes-vous déjà allé ?

Lydia s'approcha, de la fierté dans les yeux, tandis que Bridget ponctuait d'un ardent hochement de tête chacun des mots prononcés par Damon. Même Bram et Hilda semblaient subjugués. Je serrai ma coupe de champagne avec une force telle que je fus étonné qu'elle n'éclate pas en morceaux.

— Non. Je n'y suis jamais allé.

Le tintement joyeux de l'argenterie s'éleva soudain de la table des rafraîchissements alors que je faisais face à des centaines de personnes, autant de lames de couteau et un frère imprévisible et affamé.

— Comme c'est intéressant, dit-il. Eh bien, peut-être aurons-nous l'occasion d'y aller ensemble. J'ai entendu dire qu'il y avait là-bas un cirque d'une splendeur inégalée.

L'orchestre se remit à jouer une autre danse au rythme soutenu, mais il ne s'agissait plus que d'un bruit de fond. Le bal et les convives s'effacèrent devant le regard de mon frère, rivé au mien.

— Si tu tentes quoi que ce soit... le prévins-je, si bas qu'il fut seul à entendre.

Je me raidis, me préparant inconsciemment à me battre.

— Tu ne crois tout de même pas que tu pourrais l'emporter, me menaça Damon qui se hissait légèrement sur la pointe des pieds.

Les personnes qui nous entouraient nous observaient, l'un après l'autre. Naturellement, elles avaient conscience que quelque chose se passait mais ne savaient avec précision quoi.

— J'ai un peu soif, déclarai-je tout haut sans quitter des yeux mon frère. (Je réfléchissais à un moyen de l'éloigner de mes nouveaux amis.) Je peux vous offrir un verre ?

— Excellente idée ! Je suis assoiffé ! réagit Bram avec passion dans une tentative de détendre l'atmosphère.

— Oui, excellente ! renchérit Damon sur le même ton. Mais le devoir – et la mazurka ! – m'appelle !

Il se tourna vers Hilda et effectua une courbette en guise d'invitation.

— Ce serait avec joie mais Bram...

Elle présenta le carnet de bal qu'elle avait noué à son poignet au moyen d'un ruban rose quand, tout à coup, ses yeux s'écarquillèrent, leurs pupilles dilatées, et se figèrent... mais sur autre chose que son carnet. J'examinai Damon un instant. Lui aussi avait le regard fixe : il la manipulait, la forçait à lui obéir, faisant étalage, devant tout le monde – et devant moi surtout –, de son pouvoir.

À sa façon, il m'envoyait un message.

— Oh, il n'est pas du genre à s'offusquer pour si peu, estima Hilda en prenant Damon par le bras.

Il s'éloigna avec elle après m'avoir adressé un sourire qui révéla ses crocs, luisants.

— Que ne donnerais-je pas pour avoir son charme, commenta Bram d'un air triste et rêveur. Vous êtes toutes à ses pieds.

Les joues de Lydia prirent une jolie teinte rosée. Elle ne couvait pas Hilda d'un regard soucieux, témoignant au contraire d'une totale confiance quant à la relation de son compagnon vis-à-vis d'elle. Damon l'avait sans nul doute forcée à penser de cette manière. En un laps de temps très court, il était parvenu à gagner en puissance de façon incroyable.

— Où vous êtes-vous rencontrés ? demandai-je avec autant de décontraction que possible.

— Oh, c'était tellement romantique, s'empressa de raconter Bridget. Presque autant que lorsque vous m'avez trouvée dans le parc, seule, sans défense...

— Laissez votre sœur parler, Bridgey, l'interrompit Bram.

Lydia sourit, et sa politesse maîtrisée ainsi que ses manières plus ou moins affectées fondirent comme neige au soleil.

— C'est vrai qu'il y a un air de conte de fées. Il pleuvait – une averse totalement inattendue. Je me souviens, d'ailleurs, que le soleil dardait encore ses rayons, quelques instants plus tôt. Mère et moi, qui n'avions pas prévu pareil changement de climat, avons été immédiatement trempées. Mon nouveau chapeau était fichu et tous mes paquets étaient imbibés d'eau. Je jurerais qu'au moins dix calèches sont passées près de nous sans prendre la peine de s'arrêter. Quand, finalement, l'une d'elles a ralenti. La porte s'est ouverte et c'est alors qu'il est apparu, une main tendue vers moi.

Son regard s'attendrit.

— Il nous a proposé de nous laisser son siège mais nous avons décidé de monter avec lui...

— Ttt, laissa échapper Bram, ce qui amusa Lydia.

Ses épaules se soulevèrent avec délicatesse.

— Je sais, je sais... Monter dans la calèche d'un inconnu... C'était très inconvenant de notre part. Mais il était si poli, si charmant... Et notre trajet a été si agréable… Ensuite, le soleil est réapparu et avant que nous ayons le temps de…

Dans mon esprit, différents scénarios se succédèrent. Damon avait-il commandé mentalement à tous les cochers de Manhattan d'ignorer Lydia et sa mère ? Était-il seulement envisageable d'influencer autant de personnes en même temps ? Et cette histoire de pluie ? Était-ce un coup de chance ? Damon n'était tout de même pas capable d'agir sur les nuages aussi ? Si ce genre de faculté était accessible aux vampires, Lexi, voire Katherine, m'en aurait parlé, non ?

J'examinai Lydia. Autour du cou, elle portait un simple ruban étroit, d'où pendait, sur le devant, une perle. Sa peau, à cet endroit, était lisse, dépourvue de rougeur ou… de trace de morsure. Si Damon ne buvait pas le sang de Lydia, qu'attendait-il d'elle ?

— Vous disiez que vous aviez soif… (Bram se frotta les mains avec espoir.) Personnellement, je ne serais pas contre une autre coupe de champagne.

— Toute soif doit être étanchée, arguai-je, mais je vous demande de bien vouloir m'excuser.

Je quittai le groupe et traversai à grandes enjambées la foule de joyeux danseurs, plus déterminé que jamais à mettre la main sur mon frère avant qu'il ne tranche la gorge d'une nouvelle victime.

8.

Je découvris Damon sur la piste de danse où il menait Hilda avec une grâce d'une extrême légèreté. Peu importe où il l'effleurait, elle se pliait sur-le-champ, se blottissant contre lui plus que de raison et exagérant sa cambrure au point, quasiment, de simuler chaque fois une chute. Les autres filles l'observaient avec envie, rêvant de lui voler son cavalier dès la prochaine danse. Damon faisait semblant d'accorder à sa pauvre proie toute son attention mais leva la tête une fraction de seconde, le temps de me décocher un sourire éblouissant.

J'attendis impatiemment que la musique s'arrête, regrettant de ne pouvoir agir sur l'orchestre pour ce faire. Contrairement aux pouvoirs de persuasion de Damon, les miens faisaient défaut à cause de mon régime appauvri actuel.

Aussitôt la dernière mesure terminée, je me dirigeai droit vers mon frère.

— Oh, désolé, vous vouliez... ? proposa-t-il en indiquant Lydia en toute innocence. Je suis certain qu'elle en serait *ravie*. Si tel est votre *désir*.

Hilda consultait son carnet de bal avec une expression d'intense perplexité.

— Allons plutôt nous servir un verre, dis-je en le saisissant par le coude.

— C'est exactement ce que je pensais, approuva-t-il avec un faux sérieux. (Il claqua des doigts comme s'il s'adressait à un chien.) Hilda... ?

— Laisse-la tranquille, lui ordonnai-je.

Damon leva les yeux en l'air.

— Soit. Un serveur fera aussi bien l'affaire.

Il me laissa l'agripper par le bras pour le guider à travers la foule, au-delà de la pièce où on servait les rafraîchissements, en passant par une bibliothèque jusqu'à un bureau mal éclairé.

— Qu'est-ce que tu fais ici ? Que mijotes-tu encore ? lui lançai-je dès que nous fûmes seuls.

— *J'essaie* de m'amuser. (Il leva les mains comme s'il était exaspéré.) Tu as vu ce festin ? poursuivit-il en abandonnant aussitôt son accent. Le saumon vient d'Écosse. Et Adelina Patti est ici ! Père en serait *mort* sur le coup. Mais attends... Il est déjà mort. C'est toi qui l'as tué d'ailleurs.

— Après qu'il a tenté de nous assassiner, rappelai-je, les poings fermés.

— Rectification : après qu'il nous a abattus avec succès. Nous avons rendu l'âme, petit frère, tu te souviens ? conclut Damon avec un large sourire.

Il effectuait des cercles autour de moi, l'air détaché, naturel, feignant de marcher négligemment pendant qu'il faisait la conversation et admirait le décor. Son attitude me rappelait la fois où, à La Nouvelle-Orléans, il avait parcouru, en long, en large et en travers, le ring du cirque de Gallagher, l'homme qui l'avait capturé et obligé à affronter un puma. Damon ramassa une statuette et la renversa entre ses mains. Tout ce temps, néanmoins, son regard resta accroché au mien. Je crispai les épaules, la bête sauvage en moi réveillée par la menace et l'invasion de mon espace.

— Je te repose la question, Damon : que fais-tu ici ?

— La même chose que toi, petit frère. Je prends un nouveau départ, loin de chez nous, de la guerre, des drames et de toutes les autres réalités que des immigrants tels que nous fuient. New York, c'est là que ça se passe. Je me suis dit que si c'était assez bon pour mon frère, ça le serait pour moi aussi.

— Donc, tu m'as suivi. Comment ?

— À l'odeur ! Ne prends pas ton air étonné ! Il n'y a pas que toi. Tout le monde a une odeur. Nous sommes des chasseurs, Stefan. Je t'ai suivi jusqu'à mi-parcours, quand tu remontais au nord. Ce n'était pas bien difficile de deviner où tu irais après La Nouvelle-Orléans. J'ai juste veillé à arriver ici en premier. Il n'existe pas de train assez rapide pour me distancer, moi et mon cheval. Enfin, mes chevaux. Certains sont morts d'épuisement. Ta pauvre, chère Mezzanotte, notamment.

— Pourquoi as-tu fait ça, Damon ? dis-je plutôt que de réagir à sa cruauté. Pourquoi m'avoir suivi ici ?

Mon frère plissa les yeux, et la foudre y jaillit soudain depuis les profondeurs de son âme démoniaque.

— Je t'ai prévenu que je te hanterais pour l'éternité dont tu m'as fait l'honneur de me gratifier, Stefan. Tu ne croyais tout de même pas que j'allais oublier ma promesse si facilement ?

J'avais l'habitude des accès de rage de Damon. Sa colère avait toujours eu les attributs d'un orage d'été : imprévisible et violente, elle n'épargnait rien ni personne sur son passage. Puis, l'orage passait comme il était venu et mon frère, déjà, offrait une tournée à la taverne locale.

Cette haine-là, néanmoins, était inédite. Et j'en étais la cause.

Je détournai les yeux afin qu'il ne puisse y lire ma peine et ma culpabilité.

— Et Lydia, que lui veux-tu ? Elle n'a rien à voir dans tout cela.

— Cette chère Lydia. (Damon soupira et teinta sa voix d'une langueur feinte.) Charmante, n'est-ce pas ? Sans conteste, la plus intéressante des trois sœurs. Non pas que Margaret n'ait pas ses propres attraits, naturellement, mais elle fait preuve d'un peu trop de sarcasme à mon goût. Sans compter qu'elle est... eh bien... mariée ! (Il secoua la tête.) Et pour parler de Bridget : quelle jeune fille pleine d'entrain ! Et cette verve qu'elle a ! Ô combien rafraîchissante.

—... quelqu'un a vu Stefan ?

À cet instant précis nous parvint, malgré les quatre pièces qui nous séparaient d'elle, la voix de soprano, geignarde et semblable à celle d'une enfant, de Bridget.

— Mais quelle voix insupportable ! ajouta Damon en grimaçant. À ta place, je commencerais par lui imposer mentalement le silence, petit frère. Tu rendrais un immense service à l'humanité.

Mes mâchoires serrées firent obstacle à ma fureur.

— De toute évidence, tu as connu les Sutherland bien avant que nos chemins se croisent ce soir.

— Tu crois cela ? (Sur le bureau, Damon reposa la petite statue qu'il tenait en main et se mit en tête de chercher quelle orientation lui donner, tantôt d'un côté, tantôt de l'autre.) La pauvre fille était trempée. Elle t'a raconté cette histoire ? Elle adore en parler. Car elle a beau jouer les femmes froides, c'est une romantique invétérée au même titre que le reste de la gent féminine. Une pluie d'orage sortie de nulle part… le confort d'un abri, au sec pour Lydia… pauvre petite fille riche que cette Lydia… choyée par des parents qui l'ont protégée au sein d'une famille aimante qui ne demande qu'à ouvrir ses bras à des gendres.

— Tu es passé maître dans l'art de forger le destin des hommes. Et quelle subtilité !

Je fis les gros yeux à Damon qui s'enorgueillissait de mes propos.

— Je suis un véritable maestro, oui ! Qui se cache derrière la scène où tu secours Bridget, d'après toi ? (Il planta son visage devant le mien, si proche que nos nez manquèrent de se toucher.) Qui, crois-tu, l'a blessée juste ce qu'il fallait pour que ce pauvre vieux Stefan, si prévisible, la sauve ? Stefan qui a juré de ne plus jamais boire une goutte de sang humain et, qui, j'en étais persuadé, viendrait à la rescousse de la belle éplorée plutôt que de l'achever.

Un frisson remonta le long de ma colonne vertébrale.

— Ensuite, évidemment, j'ai forcé mentalement toute la famille à t'accueillir chez elle, finit-il d'un geste négligé de la main censé souligner la facilité de la tâche.

Une vague de résignation, alors que je saisissais la situation, m'envahit. Bien sûr qu'il avait influencé les Sutherland. La rapidité avec laquelle ils m'avaient accepté comme l'un des leurs m'avait interpellé dès le début et j'aurais dû m'apercevoir plus tôt que quelque chose sonnait faux. Comment un homme de la stature de Winfield avait-il pu laisser un étranger, vagabond qui plus est, pénétrer chez lui sans prendre la peine de l'interroger sur sa famille ou ses relations ? Un homme avec une fortune telle que la sienne se devait de faire preuve de vigilance avant de laisser qui que ce soit s'approcher trop près. Quant à Mme Sutherland : une mère si précautionneuse ! Pourtant, elle m'avait laissé les accompagner, elle et sa fille, jusqu'au parc, le temps d'une longue promenade. Bien que l'heure n'ait pas été à ce genre de questions, je ne pus m'empêcher de m'interroger sur l'authenticité de son affection à mon égard ou sur la possibilité que mon frère l'ait fabriquée de toutes pièces.

— Que veux-tu, Damon ? insistai-je.

Nous étions à nouveau face à face, au cœur de la tempête, sauf que cette fois je mesurais à quel point mon frère était dangereux et jusqu'où il était capable d'aller pour se venger de moi.

— Rien de terrible, Stefan ! (Il recula, mains en l'air, grand sourire aux lèvres.) Seulement, réfléchis ! Moi et Lydia à mes pieds. Toi et l'adorable petite Bridget... On se marie avec les deux sœurs et, comme dans tes rêves, on redevient frères pour l'éternité. Enfin... disons jusqu'à leur mort.

— Je n'épouserai pas Bridget !

— Bien sûr que si !

— Certainement pas ! D'ailleurs, je quitte New York. Pas plus tard que ce soir.

— Tu restes ici et tu épouses Bridget, proclama Damon, son visage à deux doigts du mien. Sinon, je tue toutes les personnes de cette soirée. Une par une.

Il était on ne peut plus sérieux, toute trace de désinvolture, d'insouciance et d'humour à la Damon ayant disparu. La rage latente était de retour.

— Tu n'as pas le droit de faire ça. Même toi, tu n'es pas assez fort pour décimer toute une salle de bal.

— Ah vraiment ?

Il claqua des doigts par-dessus son épaule et une bonne apparut dans l'encadrement de la porte voisine comme si elle avait attendu son signal depuis le début. Autour de son cou, elle avait déjà enroulé un foulard pour cacher les marques des crocs laissées par Damon. D'un geste du menton, il indiqua la fenêtre. La femme, vaillante, s'en approcha et se mit à ouvrir les loquets.

— Je peux tout à fait ordonner à Bridget et à sa horde de camarades stupides de sauter du balcon, menaça Damon en rugissant.

— Je ne te crois pas, répondis-je en rassemblant mon calme.

Seule Lexi semblait détenir le pouvoir de diriger mentalement plusieurs personnes à la fois. Et Damon était un vampire bien plus jeune qu'elle.

— Autre possibilité : je les traque un à un pour leur trancher la gorge. En ce qui me concerne, ça ne change rien.

La bonne monta sur le rebord de la fenêtre puis enfourcha la balustrade.

— Monstre ! (Je me lançai au secours de la pauvre fille avant qu'elle ne se tue.) Allez-vous-en ! la grondai-je, sans certitude quant à ma capacité à la contrôler.

Soudain, elle afficha une mine confuse, avec un air effrayé. J'avais rompu le sort de mon frère. La fille se précipita hors de la pièce en reniflant.

— Pourquoi ? Pourquoi vouloir épouser Lydia ? Et pour quelle raison faut-il absolument que je me marie avec sa sœur ?

— Si je dois vivre pour toujours, j'aime autant que ce soit avec style, expliqua Damon après un haussement d'épaules. J'en ai assez de passer ma vie à enchaîner les personnes, les repas, mais sans nul foyer où aller. En épousant Lydia, je deviendrai riche. J'aurai une maison pleine de domestiques pour satisfaire tous mes caprices... et satisfaire le moindre de mes besoins. (Il me toisa méchamment. J'ignorais s'il limitait ces besoins au sang ou non.) Sinon, je pourrais leur voler tout leur argent et m'enfuir. Dans un cas comme dans l'autre, je vivrai bien mieux qu'à présent. Winfield a de l'argent à ne plus savoir qu'en faire.

— Pourquoi me mêler à cela ? l'interrogeai-je, soudain fatigué. Tu pourrais te contenter de partir et de vivre ta vie en détruisant celle des autres si c'est ce qui te plaît.

— Disons que j'ai mes raisons, c'est tout.

Damon ponctua cette réponse d'une grimace souriante.

À bout de patience, je désapprouvai d'un mouvement de tête. Devant le bureau, un couple passa, bras dessus bras dessous, et traversa la bibliothèque à la recherche d'un peu de quiétude pour parler. Plus loin, on entendait les rires des danseurs, leurs conversations enjouées, le bruit de leurs talons qui frappaient le sol. J'observais la scène sans réelle concentration, repérant seulement la rugissante voix de Winfield pendant qu'il faisait la leçon à quelqu'un sur les principes de base du capitalisme.

— Que comptes-tu faire d'eux ?

Avec Damon pour gendre, l'espérance de vie de Winfield Sutherland venait d'être considérablement réduite. Même chose pour celle de Lydia.

— Une fois que j'aurai leur fortune en ma possession ? Pfff. Aucune idée, reconnut Damon avec un total désintérêt. On m'a dit beaucoup de bien de San Francisco ; il paraît que c'est une ville bouillonnante. À moins que je ne fasse un tour d'Europe. Tu en parlais tout le temps, avant.

— Damon...

— Sinon, me coupa-t-il, je resterais ici pour vivre en roi, selon mes envies, et m'amuser...

L'image, atroce, de Damon satisfaisant le moindre de ses désirs charnels dans la résidence Sutherland, m'apparut subitement.

— Je t'en empêcherai.

— Qu'est-ce que cela peut bien te faire ? C'est vrai, après tout, ce n'est pas moi qui ai provoqué un bain de sang à La Nouvelle-Orléans ? Combien de victimes, pour finir, petit frère ?

— J'ai changé.

Je le fixai, droit dans les yeux.

— Mais bien sûr. Aussi facilement que ça ? Peu importe ce qui a pu te... Oh ! (Ses lèvres se fendirent largement.) C'est Lydia ? Une fois de plus, tu marches dans mes pas. Tout ce que je touche, il te le faut, pas vrai ? Comme Katherine.

— Je n'ai jamais aimé Katherine. Pas comme toi, quoi qu'il en soit.

J'étais attiré par elle, naturellement. Qui ne l'aurait pas été ? C'était une femme superbe et qui savait user de ses charmes pour séduire. Sa face cachée n'avait pas semblé déranger Damon, bien au contraire. Personnellement, lorsque j'étais en sa compagnie, sous son emprise très forte, je ne souhaitais qu'une chose : oublier qu'elle était un vampire. Et au moment où la verveine m'avait éclairci les idées, j'avais été rebuté par ce qu'elle était en vérité. Tous mes sentiments, les sentiments profonds que j'éprouvais à son égard, n'avaient reposé que sur une fascination. Alors que Damon nourrissait un attachement réel envers elle.

— Et je ne suis pas amoureux de Lydia, poursuivis-je. Seulement, ce n'est pas une raison pour souhaiter qu'elle souffre, ou qui que ce soit d'autre d'ailleurs.

— Alors fais ce que je te dis, petit frère, et personne n'aura d'ennui. En revanche, un faux pas de ta part, rien qu'un, et... (Du tranchant de sa main, Damon feignit de couper sa propre gorge.) Alors tu porteras la marque de leur sang.

Un long moment, mon frère et moi restâmes sans bouger, en silence. J'avais non seulement juré de ne plus jamais faire souffrir d'être humain, mais aussi de les protéger du mal qu'on pourrait leur causer par ma faute. Pris au piège, condamné à rester un vampire pour l'éternité, je me sentais pieds et poings liés, tel un monstre exhibé dans une foire, attaché et empoisonné par la verveine. Cela, Damon le savait pertinemment.

Je poussai un long soupir.

— Qu'attends-tu de moi ?

9.

Quinze minutes plus tard, mon frère et moi nous tenions au bord de la piste de danse, en attendant que la musique cesse. Les danseurs virevoltaient dans un ballet d'étoffes bruissant en parfaite harmonie avec la mélodie ; comment auraient-ils pu se douter que deux dangereux meurtriers se trouvaient parmi eux ?

— Fais comme moi, dit Damon du coin de la bouche.

— Va au diable, lui répondis-je en souriant au passage à Margaret.

— Déjà fait. Et cela n'est pas à mon goût, merci.

Sur un plateau, il attrapa deux coupes de champagne et m'en tendit une.

— Ah, vous voilà ! s'écria Bridget en se précipitant vers moi.

Elle bondissait sur place d'excitation et tous les volants de sa robe suivaient ses mouvements, telle une méduse géante. Elle s'agrippa à mon bras.

— De quoi avez-vous parlé tout ce temps ? De *moi* ?

Je me tournai pour lui faire face. Elle était aussi belle que repoussante à cause de son égocentrisme, son manque de maturité et son besoin constant de recueillir toute l'attention. Pour autant, Bridget Sutherland ne méritait pas de mourir. J'avais assumé la responsabilité d'un nombre suffisant de morts dans ma courte vie de vampire. Jamais je ne pourrais réparer les torts causés à mes débuts, mais j'estimais qu'il allait de mon devoir de protéger cette famille de la vengeance de Damon. Je ne laisserais pas leurs morts peser sur ma conscience.

— C'est exact, confirmai-je avant d'avaler d'un trait ma boisson.

Je fis signe au serveur de m'apporter un autre verre.

— Votre attention, s'il vous plaît, annonça tout à coup mon frère.

Il fit tinter une cuillère en argent contre sa coupe. Le maître de cérémonie, Reginald Chester, observa Damon en plissant des yeux pleins de curiosité. Les musiciens posèrent leurs instruments avec stupéfaction. Mme Chester parut d'abord étonnée qu'une autre personne prenne en charge l'organisation de la soirée mais lorsqu'elle vit de qui il s'agissait, elle rayonna de plaisir, comme si Damon avait été son propre fils.

La masse de convives s'orienta vers nous dans un concert de chuchotements : les jeunes et les moins jeunes, avec des plumes et des pierres précieuses, des hauts-de-forme, de grands châles en dentelle, des gilets de soie, des robes de la même matière, envahissantes – ensemble, ils donnaient l'impression d'être une volée d'oiseaux tropicaux dans un zoo, impatients que le gardien viennent leur jeter la poignée de grains qui constituerait leur repas.

Ils échangèrent des paroles à mi-voix, hochant la tête, essayant d'établir un lien, quel qu'il soit, avec le mystérieux orateur :

— J'ai dîné avec lui la semaine dernière.

— Il prenait un verre avec les Knox ; c'est là que je l'ai rencontré.

— Il cherchait un bon tailleur ; je lui ai recommandé le mien.

Il était difficile de savoir si l'audience avait été charmée par le charisme naturel de Damon ou bien s'il usait du contrôle mental sur elle. Toujours est-il que je me posais une fois de plus la même question au sujet du pouvoir de mon frère : comment pouvait-il être si grand alors que Damon était si jeune ?

— Mon nouvel ami et moi avons une annonce à faire, déclara-t-il en reprenant son faux accent italien.

Sur la pointe des pieds, Lydia avança vers le devant de la foule pour se placer près de Damon.

— Vous êtes nombreux à connaître les détails de la nuit où Mademoiselle Sutherland et moi nous sommes rencontrés... moi, un étranger sur vos terres et elle... une superbe demoiselle en détresse...

Les gens sourirent largement. Hilda et l'une de ses amies échangèrent des regards envieux.

— Et par le plus incroyable des hasards, mon camarade ici présent, Stefan Salvatore, s'est porté au secours de sa sœur, la tout aussi charmante et superbe Bridget Sutherland, et ce, pas plus tard qu'hier. Je ne peux me prononcer à sa place, continua-t-il en se rapprochant de Lydia, son verre toujours levé, son attention restant concentrée sur les hôtes, mais en ce qui me concerne, ce fut le coup de foudre. Je me suis d'ores et déjà entretenu avec son père à ce sujet. Ainsi, avant qu'un autre homme ne lui ravisse sa main, moi, comte Damon DeSangue, supplie Lydia de me faire l'honneur de m'épouser, en dépit du fait que je n'ai, en échange, rien à lui offrir si ce n'est mon titre et mon engagement solennel et éternel.

Un genou à terre, il ajouta dans un murmure :

— Lydia ?

Elle se mit à rougir, prise au dépourvu le plus complet. Et bien qu'elle n'ait pas été encline à se réjouir d'une demande en mariage non seulement publique, mais aussi en présence d'une horde de témoins, elle irradia soudain de joie.

— Je le veux, oui, Damon, de tout mon cœur et de toute mon âme !

Et elle l'enlaça immédiatement.

Au premier rang, la famille Sutherland n'avait rien manqué de la scène, l'expression de Margaret évoquant davantage le dégoût, la stupéfaction et la perplexité que la colère ou la frustration. Je savais ce qu'elle ressentait mais m'interrogeais au sujet de sa réaction. N'était-elle pas contrainte par Damon de l'accepter et de m'accepter moi tout à fait ?

La réaction de Bridget fut tout aussi naturelle mais encore plus horrible. Ses iris dardaient des éclairs de jalousie. Peut-être éprouvait-elle un vague soulagement à voir sa sœur aînée se marier – ce qui signifiait qu'à son tour, elle pouvait en faire autant – mais il apparaissait clairement que la plus jeune des Sutherland avait rêvé depuis toujours que le prétendant idéal lui demanderait sa main de cette façon : en public, devant toutes ses amies et une audience débordant d'admiration.

Les convives frappèrent des mains tandis que Damon battit des paupières une fois à mon intention. Rien qu'une seule. À croire qu'il avait le pouvoir de me manipuler moi aussi à sa guise. Et d'une certaine façon, c'était le cas, effectivement. Je comprenais tout à fait ce qu'il attendait de moi.

Je finis ma coupe de champagne et fis un pas en avant, face à Bridget.

L'impression d'un retour en arrière, voilà ce dont il s'agissait. Il me semblait qu'hier seulement j'étais à Mystic Falls, mourant d'envie de partir étudier à Charlottesville, attendant la fin de la guerre au cœur d'un été qui s'étirait sans fin et avec indolence sur fond de la cour qu'on m'imposait de faire à Rosalyn. Chaque fois que son nom était mentionné, un énorme poids me plombait l'estomac et chacune de mes visites chez elle se soldait par un regain de déception et d'accablement. Je n'avais jamais voulu l'épouser. C'était le souhait de nos parents. Mon père, en particulier, nourrissait cet espoir. Et je fus donc obligé de me fiancer contre ma volonté en prévision d'une union dont je n'avais nulle envie.

Là encore, on me contraignait à me marier malgré moi. Mais peut-être ce sort faisait-il partie d'une punition globale et que je méritais. Et si, au moins, cela contribuait à sauver des vies...

— Bridget. (Plié en deux, mon verre devant moi en signe de toast à elle, j'incarnais à merveille le romantisme du Sud tel que les Yankees l'imaginaient sans le connaître.) À l'instant où je vous ai aperçue...

Vous et votre corps presque sans vie, couvert de sang, dans Central Park, j'ai failli vous achever...

— Ayant eu la chance de croiser votre route au moment où vous aviez le plus besoin d'aide, j'ai su tout de suite que je voudrais que vous soyez mienne. Et grâce à la générosité de vos parents, j'éprouve le sentiment de faire déjà partie de votre famille. Bridget, consentiriez-vous à faire de cette nuit la plus belle de ma vie ?

Dans un crissement proche du cri du cochon, la jeune fille se jeta dans mes bras, non sans avoir, auparavant et avec précaution, donné son verre de punch à Hilda.

— Bien parlé, approuva Bram en frappant des mains. (Ses joues rougirent de plus belle.) Je savais que vous étiez un type bien ! Je l'ai vu tout de suite.

La foule explosa de joie, poussant des acclamations et applaudissant vivement. On commanda du champagne à profusion. Winfield Sutherland paraissait si plein de fierté, si ému, que je craignais qu'il n'implose. Quant à son épouse, elle affichait le contentement de la mère qui a casé toutes ses filles. Seule Margaret laissa apparaître sa colère avant d'enfiler un masque de fierté de grande sœur.

Le meneur de la soirée réclama qu'on apporte un nabuchodonosor de champagne, bouteille géante en contenant l'équivalent d'une vingtaine à la fois. Dans le cadre d'une jolie démonstration de sabrage, il ôta des mains de son majordome une épée et, avec un geste théâtral, remonta la lame le long du goulot, expédiant du même coup le bouchon dans les airs pour déclencher une magnifique éruption de liquide doré.

— Marions-nous cette fin de semaine ! cria Damon, comme gagné par l'effervescence générale. Toute notre vie, nous avons attendu ces dames. Pourquoi attendre ?

C'est vrai, pourquoi attendre ? pensai-je. Que la fête selon Damon commence !

10.

Le 6 novembre 1864

Damon est de retour dans ma vie bien qu'il semble qu'il n'en soit jamais vraiment parti. Il ne me perd pas des yeux, me harcèle, me force à assouvir ses moindres caprices. C'est lui qui tire les ficelles de l'infortunée marionnette que je suis, contraint de lui obéir au doigt et à l'œil.

Jusqu'à ce que je retrouve Damon, je ne m'étais pas rendu compte à quel point je m'étais attaché aux Sutherland. Grâce à eux, je me sens moins seul et je reprends espoir quant à la possibilité d'échapper à un exil permanent. J'ai beau être conscient de devoir un jour les quitter, je nourris le projet de me prouver à moi-même que je peux me maîtriser en compagnie d'humains, ce qui suffirait à me protéger d'une solitude éternelle sur Terre.

Malheureusement, Damon me connaît par cœur. Il a peut-être obligé les Sutherland à m'accepter, mais le souhait de rester auprès d'eux venait indéniablement de moi. J'aurais pu m'éclipser, l'autre matin, ou bien m'enfuir, une fois au parc, ou encore me fondre dans la masse, au bal. Pourtant, je suis resté car, ainsi que mon frère l'a justement pressenti, j'aime faire à nouveau partie d'une famille, si ce n'est que pour quelques jours.

Le plan de Damon me terrifie, précisément parce que je ne le comprends pas. Pourquoi New York ? Pourquoi les Sutherland ? Et pourquoi me mêler à tout cela ? Si Damon a été capable d'orchestrer tout de A à Z, en s'immisçant dans la vie des Sutherland avec une cohérence interne sans faille tout en préparant le terrain pour mon entrée en scène, pourquoi pousser la représentation théâtrale jusqu'à ce point ? Et s'embêter de noces ? Escorter Winfield à la banque et le manipuler, ainsi que le guichetier, pour qu'il vide ses comptes largement approvisionnés aurait été plus simple, non ? Damon a-t-il l'intention de vivre normalement, tel un humain ? Ce mariage est-il une stratégie nécessaire pour être reconnu dans la société new-yorkaise ? À moins que mon frère ne soit simplement résolu à me tourmenter ?

Mais peut-être me manque-t-il une pièce du puzzle ? Comme l'enjeu secret de toute cette comédie...

Mes questions restent sans réponse. Et je redoute qu'elles ne s'éclairent qu'une fois le premier cadavre découvert.

Plus tard, ce lundi-là, je me tenais sur l'un des toits d'une des maisons de style colonial les plus époustouflantes qu'on ait jamais construites. De fines colonnes soutenaient un vaste porche, encadrant une entrée des plus formelles jusqu'à laquelle une allée serpentait avec l'élégance d'un tapis rouge dans les cérémonies à la Cour. Des châssis de fenêtre à la corniche, le moindre détail avait été savamment étudié et traité avec une juste sobriété. La salle à manger, de forme ovale et aux généreuses proportions, devait copier en tout point celle de la Maison-Blanche (ou l'image que je m'en faisais). C'est à cela que ressemblait la Maison du Commandant, qui seyait à merveille à l'homme qui dirigeait le chantier naval de Brooklyn.

Là où elle péchait par défaut en matière de modernité, à l'instar de la résidence des Sutherland, la demeure compensait par ses pelouses parfaitement entretenues, un verger aux arbres savamment choisis et une vue imprenable sur Manhattan. La propriété était perchée sur ce qui s'apparentait à une falaise donnant sur l'East River et la ville protégée par la marine nationale. L'amiral Matthew Perry en personne y avait vécu. La splendeur de la bâtisse m'arracha un soupir.

— Non. (Bridget secoua la tête sans hésitation et descendit les marches après avoir ramassé la traîne de sa jupe avec l'air décidé d'une femme d'affaires.) Han-han.

La petite cour qui l'accompagnait lui emboîta le pas en riant avec bonhomie.

— Trop blanc, jugea Bram sur le ton de la plaisanterie.

— Trop petit, ajouta Hilda.

— Moi, je la trouve incroyable ! Quelle vue ! Quelles proportions ! Et… Qu'est-ce qui ne va pas, cette fois ? demandai-je finalement.

— L'emplacement. Brooklyn ! déclara Bridget sans prêter attention à son fiancé. Personne ne se marie à Brooklyn.

Winfield et sa femme échangèrent un regard tendre, plongés dans le souvenir commun de leurs propres noces. À ce que j'avais cru comprendre, la fête avait été sobre, l'homme n'ayant pas encore bâti sa fortune à l'époque. Mais ni lui ni sa femme ne s'en étaient souciés. Pourtant, tous deux étaient disposés à offrir à leur cadette le mariage extrêmement luxueux dont elle rêvait.

Lydia esquissa un sourire et chuchota quelque chose à mon frère, qui sembla n'écouter que d'une oreille. Elle ne s'inquiétait guère de l'endroit où elle se marierait. Et, sachant que nous ferions d'une pierre deux coups en passant la bague aux doigts des sœurs comblées le même jour, Lydia avait, de bonne grâce, donné toute liberté de décision à Bridget en matière d'organisation.

Les Sutherland observaient – du moins officiellement – la religion épiscopale, mais notre religion, disons plutôt notre athéisme, à Damon et à moi, ne les dérangeait pas, pas plus qu'ils ne s'encombraient de chercher une église pour célébrer les noces. Une chapelle privée, appartenant à une famille d'amis très aisés, conviendrait tout aussi bien, Bridget n'étant pas traditionaliste sur ce sujet.

— Alors pourquoi avoir pris la peine d'aller visiter ces maisons sur Prospect Park, maugréa Margaret, si Brooklyn est hors de question ?

— J'ai une préférence pour celle avec les arches romanes, dis-je, impatient de statuer sur ce chapitre de notre simili-mariage.

— N'ayez crainte, cher frère. (Damon me flanqua une petite tape sur l'épaule.) Plus que quatre. À Manhattan.

Nous nous engageâmes avec fracas dans l'escalier, raide, en bois et démodé, pour rejoindre le rez-de-chaussée où nous remerciâmes le majordome pour la visite. Ensuite, nous marchâmes jusqu'à l'embarcadère du Fulton Ferry : un bateau nous y ramènerait sur la rive opposée en vue d'un long trajet parmi la procession de calèches qui remonteraient l'île à l'heure de pointe.

— Cela ferait un bon endroit pour un glacier, commenta Lydia, pensive, alors qu'elle se promenait sur le quai.

— Vous voulez une glace ? lui demanda Damon comme s'il s'adressait à une enfant de quatre ans.

La compagnie de Bridget était déjà terrible en soi : chacune des paroles qui sortaient de sa bouche me crispait ; mais celle de Damon était pire encore. Tendu, nerveux, je redoutais à chaque instant qu'il ne fasse ou ne dise quelque chose d'affreux. Depuis le matin, je me contenais, restant persuadé que mon frère finirait par dire une atrocité à Lydia, à la seconde où il se fatiguerait de jouer le rôle du promis, tendre et attentionné. Sa patience en matière de jeux, autres que ceux pour lesquels il pariait, était incroyablement limitée.

— Oui, accepta Lydia. Et il n'y en a pas ici. Pourtant, il devrait.

— Quelle importance ? intervint Bridget pour tenter de contribuer intelligemment à la conversation. Bientôt, il y aura un gigantesque pont et de l'ombre partout, des calèches bruyantes et du crottin de cheval par kilos.

Bram, la source de cette information, désapprouva d'un signe de la tête.

— Non, Bridgey, c'est un bon angle. Regardez la position du soleil...

Appuyé contre le garde-fou du quai, j'étudiais le petit groupe. Dans ce décor, les filles paraissaient tout droit sorties d'une peinture, leurs joues rosies par le soleil et la fatigue de la journée. Les longs rubans qui pendaient de leurs chapeaux de paille flottaient au vent et leurs jupes bouffantes, réservées à la promenade, découvraient le bas de leurs jambes, chaque fois que la brise marine les soulevait. Elles étaient toutes d'une grande beauté et, l'espace d'un instant, je parvins à oublier mon redoutable sort.

Margaret acheta le journal auprès d'un jeune crieur afin d'avoir de la lecture pour la traversée. Le climat se prêtait tout à fait à une balade en bateau et, étonnamment, l'East River ne me rebutait pas à la façon des courants d'eau ordinaires. Bridget monta à bord du ferry et alla s'asseoir, refusant que sa peau n'absorbe davantage de rayons solaires – une remarque que je jugeais ironique et fort amusante, connaissant ma propre condition. Pour la première fois de la journée, je me détendis, le visage tourné vers le soleil qui conférait à mon teint méditerranéen un hâle de bronze, signe de bonne santé.

Soudain, Margaret se laissa tomber sur le siège près de moi.

— Vous, au moins, avez l'air un tantinet plus raisonnable que l'autre fiancé, commença-t-elle sans détour. Dites-moi : que lui voulez-vous, au juste, à ma famille ? De l'argent ? Un travail ? De quoi s'agit-il ?

Un grognement sourd monta en moi.

— Vous devez me croire, dis-je plongeant mes yeux noisette dans les siens.

Sans recourir aux méthodes de persuasion dont usait Damon, je me concentrai pour que ma voix sonne la plus sincère possible. De mes mains, je pressai ses bras – un geste osé de ma part, seulement, j'avais besoin qu'elle m'entende.

— Je n'ai que faire de la fortune de Bridget. Tout ce qui m'intéresse, c'est la sécurité et le bonheur conférés par votre famille. Je vous le jure sur ce que vous voudrez.

— C'est bien là tout le problème. J'ignore ce que vaut votre parole. Je ne vous connais pas. Personne ne vous connaît. (Avec un soupir, elle retira son chapeau.) Cela paraît si... étrange. Je peux comprendre pourquoi Bridget vous apprécie : vous êtes bel homme, vous avez de l'éducation, c'est indéniable...

Je baissai les yeux, gêné.

— Mais tout le reste : pas de papiers, pas de passé si ce n'est cette histoire d'origines dans le Sud ? En outre, nous parlons de Bridget. Elle voulait que Papa nous emmène en voyage en Europe afin qu'elle ravisse le cœur d'un roi, d'un prince ou, au pis aller, d'un duc. C'est le titre de royauté le plus bas dont elle se serait accommodée. Et, sans vouloir vous offenser, vous êtes aussi étranger à la royauté qu'on peut l'être.

— Quant à Lydia, elle a eu son comte.

— En effet, répondit-elle de manière pensive. (Elle me jaugea du regard et passa une boucle noire derrière son oreille.) Justement, à propos de Damon DeSangue...

Je haussai les épaules avec un air innocent.

— Quelle est votre opinion sur lui ? Tous les deux, vous vous êtes rapprochés à une vitesse... déconcertante depuis votre double demande en mariage.

Je fixais l'horizon, en direction du sud, là où le puissant fleuve de l'Hudson et l'East River fusionnaient dans la mer. D'une main en visière, je bloquai le panorama de la ville de mon champ de vision. Le soleil enveloppait de son prisme blanc et rose des eaux antédiluviennes et exotiques.

Quelle proportion de la vérité pouvais-je lui révéler sans la mettre en danger ? Chez les Sutherland, elle semblait être la seule à avoir la tête sur les épaules. À nouveau, je songeai à Katherine et la même question revint me hanter : ma famille aurait-elle été mieux préparée si on l'avait mise en garde ?

— Ne lui faites pas confiance, finis-je par avouer avec l'espoir secret de ne pas l'exposer à un plus grand risque encore. Personnellement, c'est ma position.

— Hum. (Elle jeta un coup d'œil à Damon, absorbé dans une discussion animée avec Bram et Winfield.) Je vous avoue que je la partage.

Bridget avait trouvé le moyen de retenir des endroits à visiter tous plus éloignés les uns que les autres du lieu actuel où nous nous trouvions. La demeure des Richard était située près de Fort Tryon, à l'extrémité nord de Manhattan, tandis que le quai du Ferry Fulton était localisé au sud-est.

Le long trajet dans nos calèches pour remonter l'île me donna un bon aperçu d'ensemble de la vie citadine. Sur la Cinquième Avenue, je fus stupéfait de constater les écarts de richesse qui existaient à New York, entre les vendeurs de journaux souvent pieds nus et les individus tels que Winfield, assis dans leur calèche personnelle dorée, à fumer leur cigare.

À mi-chemin, nous nous arrêtâmes pour déjeuner à l'hôtel Mount Vernon sur la Soixante et unième Rue. Sur place, Bridget repartit dans un fastidieux monologue sur sa tenue pour la cérémonie.

—... et Darla a porté une robe en mousseline par solidarité pour les soldats au front, mais la guerre est presque finie et je trouve que je devrais avoir une nouvelle paire de boucles d'oreille, ne croyez-vous pas, Papa ? Stefan chéri, j'ai vu des perles absolument incroyables...

Damon se racla la gorge :

— Bridget, je suis tout à fait d'accord : il vous faut une parure neuve. Quant à votre tenue, elle met l'eau à la bouche. N'êtes-vous pas de cet avis, Stefan ?

Je me levai de table, incapable d'apprécier le repas de poulet froid, de pain frais, de poisson et de thé que l'on nous avait servi, pas plus que d'écouter un mot de plus du babillage de ma fiancée écervelée ou des provocations continues de mon frère.

— J'ai besoin de prendre l'air, m'excusai-je.

Sans la grâce de vampire qui me caractérisait, je me serais pris les pieds dans ma chaise à cause de mon empressement à vouloir sortir.

Je n'aurais pas dû éprouver une telle fatigue ; j'avais connu bien pire. Mes jours de famine à Central Park, à chasser de minuscules proies, étaient autrement plus éreintants que des trajets en calèche, la visite de maisons et l'audition, même prolongée, du bavardage futile de la plus jeune des Sutherland. Mais étant donné que je n'avais rien bu depuis le sang de l'écureuil, la veille, je me sentais affamé et très faible.

Un petit tour par les cuisines confirma mes attentes : j'y trouvais, naturellement, des rats. Ils n'étaient pas nombreux et confinés à l'espace qui séparait le passage couvert, entre l'entrepôt frigorifique et le cellier du restaurant. En un clin d'œil, j'en saisis un et lui rompis le cou. Je vidai la pauvre bête de son sang mais ne perdis pas une seconde le contrôle de moi-même. Ce n'était pas bien difficile compte tenu d'une nourriture aussi peu ragoûtante.

Un bruit sourd, dans mon dos, ainsi qu'un soupir étouffé attirèrent mon attention. Je me tournai et relevai le menton avec une mine coupable, le sang du rongeur au coin des lèvres.

Damon, debout, tenait une serveuse, les doigts enroulés autour de sa gorge. Tous crocs sortis, il s'apprêtait à boire. La fille arborait l'air absent et le souffle légèrement court de quelqu'un sous hypnose.

— Je vois que nous sommes sortis pour la même raison, commenta mon frère, enchanté. (Sa lèvre supérieure retroussée exprima son dégoût lorsqu'il vit le rat dans ma main.) Cela dit, franchement, tu aurais pu trouver mieux.

Il rejeta la tête en arrière, prêt à planter...

— Par pitié, ne fais pas ça... (Je levai le bras de désespoir.) Je t'en supplie, ne la tue pas.

Damon marqua une pause.

— Entendu. Je ne vais pas tuer celle-là. Cadeau de mariage avant l'heure. Spécialement pour toi.

Je fermai les yeux et me représentai l'avenir terrible qui s'étendait devant moi. En impliquant qu'il ne la tuerait pas, elle, en guise de faveur, Damon venait bien sûr de sous-entendre qu'il y aurait d'autres victimes, ailleurs, plus tard.

11.

Le lendemain matin, je remontai les draps de lin jusque sous mon menton comme j'avais coutume de le faire dans mon enfance. En fermant bien les paupières, j'arrivais presque à croire que j'étais à la maison. Que Damon et moi étions encore humains – deux frères préoccupés par les habituelles querelles. Et que notre père s'affairait, quelque part dans la plantation. Mais aussi que Katherine vivait toujours.

Non... un instant. Nous n'avions pas croisé la route de Katherine. Et ne le ferions jamais.

À moins... que je n'aie été au lit chez Lexi, incertain, à propos de ma nouvelle existence, mais accueilli par mes pairs comme l'un des leurs.

Lentement, je sortis de ma rêverie et mes fantasmes, un à un, se heurtèrent à la réalité : j'étais chez les Sutherland, toujours prisonnier de leur générosité et des caprices de mon frère, qui me poussait contre ma volonté vers un mariage aussi précipité que redouté.

Les Sutherland n'étaient pas particulièrement à cheval sur les convenances. Néanmoins, ils attendaient de tous leurs hôtes qu'ils se présentent à la table du petit-déjeuner. Je mis peut-être plus de temps que d'ordinaire à m'habiller, ajustant mes fixe-chaussettes à la perfection, jouant avec mes manchettes un long moment et passant mes doigts dans mes cheveux pour tenter de les coiffer. Je n'aimais guère croiser mon regard dans le miroir, ces jours-ci : je haïssais ce que j'y voyais.

Quand je descendis enfin pour m'attabler, le repas était déjà bien entamé. Mme Sutherland me gratifia d'un chaleureux sourire des plus maternels et mon cœur se serra. J'avais beau éprouver envers elle une sincère affection, je n'en oubliais pas pour autant qu'elle avait été influencée pour m'accepter.

— Bonjour, marmonnai-je en me glissant à ma place. Il reste du café ?

— Tu ne m'as pas l'air en forme, ce matin, mon garçon, déclara Winfield. (Il rangea sa montre de gousset dans sa poche.) Ni bien nourri, si je puis me permettre. Il faut que tu engraisses avant le mariage : je t'emmènerai avec moi au club tout à l'heure. Tu me diras des nouvelles de leur agneau et de leur pudding.

Lydia m'adressa un sourire d'excuse. Sous le choc, je me rendis compte qu'un joli foulard dans les tons rosés entourait son cou, couvrant avec élégance la surface qu'un vampire mord, généralement.

Damon l'avait mordue.

Je détournai la tête, à l'opposé de la cafetière qu'on avait placée devant moi, l'estomac soudain noué. Par réflexe, je portai la main à ma gorge, à l'endroit où Katherine avait l'habitude de planter ses crocs et me remémorai le sentiment dérangeant d'un mélange de douleur et de plaisir. S'agissait-il d'un message m'étant adressé ? Un rappel de ce qui risquait d'arriver si je manquais à ma promesse d'épouser Bridget ?

— Stefan ! Attendez avant de partir au club ! m'avertit celle-ci. Nous avons tant à faire aujourd'hui. Nous devons absolument rendre visite à la famille de Bram : ils adorent Damon. Brammy lui a fait découvrir toutes les adresses à la mode, comme ce bar où ils servent de véritables *Pimm's cups*[1] à l'anglaise ! Il faudra que je porte ma dernière tenue en mousseline bleue. Pour aller chez eux, bien entendu. Pas au bar. Ce n'est pas un endroit pour les femmes. Fanny souhaitait de la mousseline bleue pour son trousseau de jeune mariée mais ses fiançailles sont tombées à l'eau, la pauvre...

La porte de la cuisine s'ouvrit et mon frère entra.

— Bonjour à tous, fanfaronna-t-il, l'allure fringante et la pupille vive.

Il avait l'air reposé, rassasié ; il s'inclina légèrement devant Lydia avec un sourire charmeur et me réserva un inquiétant clin d'œil.

Mes épaules se contractèrent sur-le-champ.

— Que nous vaut l'honneur ? demandai-je sur le ton le plus innocent dont j'étais capable.

— Vous ne saviez pas ? (Il s'assit à table et déplia sa serviette dans un geste théâtral.) Winfield m'a supplié d'emménager.

— Oh. (J'écartai ma chaise de la table, affichant une piètre mimique pour masquer ma colère.) Euh... Damon, je peux vous voir dans l'entrée un moment ?

Il découvrit deux rangées de dents.

— Je m'assois à l'instant. Et je meurs de faim !

1. Cocktails à base de liqueurs, du nom de James Pimm, un Anglais à l'origine de ces boissons alcoolisées, au XIXe siècle.

— Ça ne prendra qu'une minute, promis-je entre des mâchoires serrées.

Lydia me considéra avec curiosité mais aussitôt, mon frère racla sa chaise par terre pour me suivre dans le vestibule.

— Madame, je suis à vous tout de suite.

Dès que nous fûmes hors de vue, j'affrontai Damon.

— Tu es incroyable ! Voilà que tu emménages à présent !

— Eh bien, merci du compliment. (Moqueur, il effectua une petite courbette.) C'est exact. Tu n'as pas écouté hier lorsque je parlais des formidables… *agréments* que la demeure des Sutherland avait à offrir.

Les murs se mirent à tourner, la rage s'emparant de moi. Ma patience quant au petit jeu de Damon avait atteint sa limite.

— Pourquoi une telle… mise en scène ? Quel intérêt ? Si tu es si puissant que tu le dis, pourquoi ne pas aller à la banque et les forcer, tout simplement, à vider leurs coffres de lingots ?

— C'est une possibilité, effectivement. Mais elle m'amuse nettement moins.

— Elle t'amuse moins ? répétai-je avec incrédulité. Toute cette mascarade t'amuse ?

Le regard de Damon se durcit.

— Il faut couvrir ses arrières, petit frère. Réfléchis un peu. (Les sourcils froncés, il épousseta une peluche imaginaire de ma veste.) C'est vrai, je pourrais me contenter de piller leur fortune et de quitter la ville. Seulement, nous n'allons jamais disparaître, toi et moi : nous sommes ici pour toujours. Enfin, je parle en ce qui me concerne. Et la contrainte ne fonctionne pas toujours. Au cas où tu ne l'aurais pas remarqué, Margaret s'entête, et risquer de l'avoir sur le dos, elle ou Winfield s'il parvenait à surpasser mon pouvoir, à salir ma réputation en me traitant de voleur… eh bien… c'est un risque que je ne suis pas prêt à prendre. Je trouve beaucoup plus facile et plus drôle d'hériter de leur argent.

Je fixai la porte qui nous séparait de l'heureuse et gentille famille, attablée dans la quiétude.

— Hériter ? Tu veux dire… au décès ?

— Quoi ? Que sous-entends-tu, petit frère ? rétorqua-t-il avec un air faussement blessé. Tu empoches la moitié de l'argent et moi, je contrôle mes ardeurs en minimisant le nombre de victimes. Tu as oublié ? Je t'ai donné ma parole.

— Non, Damon. Tu as dit que si je n'épousais pas Bridget, tu tuerais tout le monde dans la salle. Tu t'es bien gardé de préciser ce qui arriverait après le mariage.

— Bien répondu. J'aimerais me débarrasser de quelques-uns des membres de leur cercle. À commencer par ce flagorneur de Bram. J'ai l'impression qu'il a un faible pour ma Lydia, tu sais, ajouta-t-il avec une colère affectée.

— Damon, grondai-je.

Il plissa les yeux.

— Tu t'occupes de ta femme. Et moi de la mienne.

Je lui adressai un regard féroce.

— Donc, tu envisages de tuer Winfield une fois qu'il aura changé son testament ?

— Pour le savoir, il faudra que tu patientes un peu.

— Je ne te laisserai pas leur faire de mal, dis-je sur un ton menaçant.

— Tu ne peux rien contre moi. Quoi que je fasse, tu ne m'arrêteras pas, siffla Damon en retour.

Les yeux dans les yeux, nous nous défiâmes en silence. Je serrai les poings tandis qu'il pivota sur ses jambes, se préparant au combat.

Au même moment, Mme Sutherland apparut dans l'entrebâillement.

— Les garçons ? Tout va bien ?

— Oui, madame, confirma Damon gracieusement. Nous mettions juste deux ou trois détails au point. Il indiqua la porte de la salle à manger et, après un signe de tête discret, ajouta : Après vous, Stefan.

Malgré moi, je retournai m'asseoir, Damon sur mes talons.

— Alors demain, nous allons chercher nos costumes, prétendit-il.

Il fit semblant de poursuivre la conversation soi-disant banale que nous avions eue dans le vestibule plutôt que la dispute dans laquelle nous nous opposions au sujet du sort de la majorité des personnes présentes dans la pièce.

— Stefan ! Nous devrions assortir nos tenues ! décida-t-il tout à coup. Bridget, ce n'est pas vous, hier soir, qui racontiez qu'une de vos connaissances – son nom m'échappe – avait porté la même chose que sa sœur, à son mariage ? De la soie, si je ne m'abuse ?

Il excellait vraiment pour ce qui était de me tourmenter. C'était mon frère : il me connaissait mieux que personne. Et il appuierait toujours sur les points sensibles. Pour l'éternité.

— Tout à fait, Damon, acquiesça Bridget avec un sourire de gratitude. (Elle se tourna vers moi.) Stefan, écoutez cela : j'ai pensé que Lydia et moi pourrions porter des robes semblables même si je ne suis pas encore convaincue de l'effet obtenu... parce qu'avec la silhouette de Lydia...

Lentement, je m'enfonçai sur ma chaise, noyé sous ses paroles et par la certitude que Damon avait raison. Je n'avais jamais réussi à l'empêcher de faire quoi que ce soit, et encore moins dans les moments cruciaux.

12.

Les jours qui suivirent passèrent à vive allure, entre tous les préparatifs de mariage, y compris les dégustations en prévision de la composition du menu. Le soir, les Sutherland reprenaient leurs habitudes. Mme Sutherland se retirait avec Lydia dans la pièce dévolue aux travaux de couture afin de lui apprendre comment faire des édredons et des bonnets. Bridget s'adonnait, jusque tard, à un exercice de beauté consistant à se brosser les cheveux des centaines de fois avant de se badigeonner d'une couche si généreuse de crème que je pouvais la sentir depuis le salon. Winfield, quant à lui, regagnait son bureau, un verre de brandy en main, pour y feuilleter le journal ou examiner ses livres de comptes.

De mon côté, je faisais les cent pas, à la recherche de plans de génie qui garantiraient la sécurité de ma famille adoptive. Pour finir, je les torpillais tous, un à un. À présent, je devais également calculer les moments où je me nourrirais. Mon régime régulier à base d'animaux citadins était plus dur à maintenir depuis que les Sutherland et leurs domestiques posaient sur moi un regard bienveillant mais attentif. J'en arrivais à me demander s'ils n'attendaient pas l'occasion de me prendre en flagrant délit, incapable de savoir avec certitude si mes inquiétudes étaient fondées ou si mes soupçons étaient la conséquence directe des actes de manipulation de Damon pour qu'ils me suivent. Parfois, je réussissais à échapper à leur vigilance, me faufilant par les toits ou me glissant en silence dans le jardin de derrière, pour y chasser un rat, un pigeon ou même une souris qui me sustenterait, ne serait-ce que frugalement. Hors de question, bien entendu, de toucher à Noisette, la chatte de la maison. En revanche, ses amis les chats de gouttière n'étaient pas chasse gardée, heureusement.

Damon, pour sa part, ne rencontrait aucune difficulté pour se nourrir. Il ne se souciait pas non plus de faire preuve de discrétion. Il allait et venait à sa guise, perpétrant Dieu sait quelles atrocités dans les coins les plus sombres de la ville. Je surprenais souvent une bonne ou un domestique, convoqué dans sa suite aux heures les plus froides de la nuit, alors que je m'éclipsais afin d'assouvir mes besoins propres. Pour mon frère, vivre chez les Sutherland revenait à séjourner dans un luxueux hôtel ; il assistait à des dîners donnés en son honneur et on le célébrait dans toute la ville et ses établissements les plus renommés. Il régnait sur New York tel un prince sur son royaume.

Lorsqu'il rentra chez lui le jeudi soir, Winfield passa la tête par la porte entrouverte de son bureau.

— Ah, vous voilà ; c'est parfait ! (Il présenta deux verres de whisky.) Venez me voir, s'il vous plaît.

Une trace de sang, au coin des lèvres de Damon, le trahissait. N'importe qui aurait cru à une coupure de rasoir mais je sentis soudain l'atmosphère du bureau s'alourdir, les murs se refermer sur nous.

L'air de rien, Damon s'essuya la bouche, le regard fixe, vers moi, puis il se laissa tomber sur le canapé, près de son futur beau-père, avec une grâce qui s'apparentait moins à celle d'un comte italien et davantage à... eh bien... à Damon.

— Bonsoir, monsieur.

Le fait qu'il délaisse son faux accent en la présence des membres de la famille prouvait à quel point ils étaient sous son emprise.

— Je tenais à parler un peu de votre avenir, commença Winfield à notre intention, en mâchonnant son cigare.

— Personnellement, j'ai de grands projets : je vois loin, fanfaronna Damon. Enfin, tout en restant ici, près de vous. J'aime la compagnie de parents proches.

La gorge subitement très sèche, je passai une main dans mes cheveux, sentant la panique me gagner face à cette même réalité : j'ignorais totalement où Damon voulait en venir.

— Je pense aussi que j'aimerais me lancer dans les affaires, ajouta mon frère.

Au même instant, la porte du bureau s'ouvrit à la volée et Margaret entra précipitamment.

— Papa !

Sans un mot à Damon ni à moi, elle jeta un exemplaire du *Post* entre les mains de son père et montra du doigt un article.

— Lisez ça.

Winfield fouilla dans ses poches et en sortit ses lunettes, qu'il enfila avant d'entamer sa lecture.

« La maison Sutherland au cœur d'un scandale alors que deux prétendants sans fortune ravissent la main des deux dernières héritières de la famille. Les soupirants éconduits – fils de banquiers, de politiciens et de magnats de la finance – témoignent leur amertume face à cette nouvelle précipitée. S'agit-il d'une affaire de chantage, certains se demandent. Une source anonyme, dans l'entourage de la famille, prétend que… »

— Balivernes ! (Winfield écarta aussitôt le journal et retira ses lunettes.) Ces gens n'ont rien de mieux à faire que de propager de telles sottises ?

— Nous serons ruinés, insista Margaret sur un ton frôlant la supplication. (Elle agissait comme si Damon et moi n'étions pas là.) Ne voyez-vous pas, au moins, à quel point ce serait mauvais pour les affaires ?

— Ne croyez-vous pas que vous devriez laisser les hommes réfléchir à la question ? releva mon frère avec nonchalance et son accent anglais habituel.

Ses yeux d'un bleu glacial, en revanche, visaient avec soin le milieu de la tête de Margaret. J'imaginai que mon frère aurait apprécié y planter une balle et me levai pour m'interposer entre lui et elle, qui ne semblait pas mesurer la rage de ce dernier, ni le danger qu'elle courait.

— Je comprends vos inquiétudes, m'empressai-je de la rassurer. (Je devais absolument la convaincre de changer de sujet, pour son bien.) Mais croyez-moi, je ne veux qu'une chose : ce qu'il y a de meilleur pour votre famille.

— D'ailleurs, nous parlions justement affaires, entre hommes, précisa son père. Damon, tu disais ?

— Tout ce dont j'ai besoin, c'est de quelques liquidités, reprit Damon, évinçant totalement Margaret de la discussion. Ce qui me permettra de couvrir mes frais de transport jusqu'à mon pays et d'embaucher, sur place, des marchands qui s'occuperont de l'export...

Margaret hoqueta d'horreur.

— Vous n'envisagez tout de même pas de lui céder plus que sa dot ?

— Ne sois pas pingre, ma chérie, dit Winfield avec un geste condescendant pour lui signifier de se taire. Ce n'est rien d'autre qu'un petit capital de départ pour l'aider à démarrer...

— Vous avez perdu la raison ? Vous le connaissez à peine. Commencez par l'employer à votre service. Ou donnez-lui la direction d'une de vos entreprises plus modestes.

Damon se leva de son siège avec une fureur froide. J'essayai de saisir le bras de Margaret mais elle se dégagea vivement. Se redressant dans une posture hautaine, elle fixa mon frère droit dans les yeux. Bien que moins belle que ses deux plus jeunes sœurs, elle en imposait tout autant.

— Vous avez tous agi de façon irrationnelle depuis son arrivée, confia-t-elle à son père sans cesser de regarder Damon. Vous les avez traités – lui aussi (Elle fit un geste dans ma direction.) – comme des membres de la famille, leur offrant le couvert, un logis. Et maintenant, de l'argent et vos propres filles ! Quoi d'autre encore ? Ne me dites pas que je suis la seule à trouver cela étrange ?

L'homme parut irrité mais également décontenancé par le discours de sa fille.

Damon ouvrit de grands yeux.

— Ça suffit ! lui ordonna-t-il. Vous devez nous accepter, Stefan et moi. Notre place est ici.

Elle l'observa un long moment. J'attendis que ses pupilles se dilatent, même légèrement, que ses yeux, à la rigueur, deviennent vitreux. Mais elle se contenta d'exprimer son dégoût en secouant la tête.

— Votre petit numéro de comte dupe peut-être les autres, mais avec moi, il ne marche pas.

Je la suivis du regard, stupéfait, alors qu'elle quittait la pièce en trombe. Jamais je n'avais vu mon frère échouer dans ses tentatives de contrôler quelqu'un mentalement, pas même à l'époque où il était moins expérimenté ou plus faible. J'inspirai profondément, cherchant à détecter une odeur de verveine, à trouver une explication à ce qui venait de se produire. En vain.

Tout ce que j'espérais, c'est que, peu importe ce dont il s'agissait, Margaret continuerait à bénéficier de cette protection.

13.

Cette nuit-là, je restai étendu à contempler le plafond. Le clair de lune perçait les voilages blancs. La maison, grouillante, était agitée de bruits incessants : mêlée de bruits de pas, battements de cœur, grattements de pattes des souris qui couraient à l'intérieur des murs. On aurait dit que la demeure tout entière était vivante, hormis mon frère et moi, naturellement. Les Sutherland n'auraient pu s'en douter, mais en m'ouvrant la porte de chez eux, c'est la mort qu'ils avaient laissée entrer. Comparativement à leur existence heureuse, je symbolisais une maladie fatale et d'ici peu, le mal se propagerait, dévorant leurs vies jusqu'à ce qu'il n'en reste rien.

J'avais beau ne pas prendre une part active dans le plan machiavélique de Damon, la méthode qu'il employait ne différait pas de la manière dont Katherine s'était immiscée dans ma vie pour décimer toute la famille Salvatore. Que je le veuille ou non, la sécurité de ces gens reposait fermement sur mes épaules. Si Damon les tuait, j'aurais moi aussi leur mort sur la conscience. Seulement, comment faire pour l'en empêcher ? J'avais tellement moins de force que lui et je n'avais nullement l'intention de recommencer à boire du sang humain, redoutant, alors, de ne plus pouvoir m'arrêter.

Je quittai mon lit pour aller ouvrir les rideaux d'un coup sec. Tout en fixant la lune, témoin d'un si grand nombre de mes actes coupables, je me repassai en boucle la conversation que nous avions eue avec Margaret. Je revoyais ses mâchoires, crispées l'une contre l'autre, ses iris bleu clair, perçants, et la façon dont ils nous jaugeaient, Damon et moi, comme s'ils avaient pu voir, à travers nos enveloppes de chair, ces deux cœurs qui ne battaient plus. Winfield était prêt à céder sa fortune à mon frère, néanmoins, sa fille semblait immunisée contre ses pouvoirs.

Comment faisait-elle ?

La seule protection que je connaissais contre les vampires était la verveine mais, depuis mon arrivée à New York, l'odeur caractéristique, envahissante, n'avait pas effleuré mes narines. Afin de piéger Katherine, mon père avait coupé mon whisky avec la fameuse plante, ce qui l'avait empoisonnée lorsqu'elle avait voulu boire mon sang. Si seulement mon père avait songé à me protéger plus tôt, lui et moi serions peut-être toujours à Mystic Falls, penchés sur des livres de comptes en prévision du jour où je reprendrais les rênes de Veritas.

Je fis coulisser le pan de la fenêtre et sortis sur l'étroit balcon. Un silence de mort régnait au-dehors. Pas une brise pour agiter les feuilles des arbres. Même les pigeons, perchés sur le toit du voisin, se taisaient. Mon balcon, exposé plein est, offrait une vue sur les eaux troubles de l'East River et sur la langue de terre baptisée Blackwell's Island où la ville avait récemment construit un nouvel hôpital psychiatrique. Mes lèvres se fendirent dans un sourire amer. Que n'aurais-je pas donné pour pouvoir y enfermer mon frère ?

Un grognement rauque m'échappa soudain alors que j'empoignai à deux mains la balustrade en fer forgé. Il fallait que j'arrête de commencer mes phrases par des « si ». Je ne ferais pas disparaître Damon ni n'effacerais le passé. Ce qui était fait était fait. Même avec une puissance décuplée, je ne parviendrais pas à inverser le cours du temps pour remonter jusqu'aux torts causés par Katherine à ma famille. En revanche, j'avais prise sur le futur. J'avais pour moi mon libre arbitre, de l'expérience et la possibilité de me battre.

Debout sur la rambarde, je sautai sur le toit et atterris sur le goudron dans un bruit sourd. Dans une ville de la taille de New York, il devait bien y avoir quelqu'un qui cultivait de la verveine ou qui, au moins, en possédait des brins séchés. Je parcourrais les rues en long, en large et en travers jusqu'à déceler une trace de la plante. En mettre dans le verre de Lydia serait impossible – Damon buvait son sang – mais je pourrais en parfumer légèrement les whiskies de Winfield...

Je courus sur le toit, m'élançant pour bondir sur celui du voisin, avant de descendre par leur échelle de secours jusqu'à la rue, en bas.

— Où vas-tu comme ça, petit frère ?

Les paroles prononcées sur un ton jovial rompirent le silence de la nuit telle une balle de revolver. Je me figeai sur place, en bordure de la toiture.

Lentement, je pivotai pour faire face à Damon, qui souriait largement. Il avait l'air prêt pour la deuxième partie de sa soirée, vêtu d'un costume trois pièces, une canne dorée en main qu'il faisait tournoyer. Je la reconnus immédiatement : elle avait appartenu au père de Callie. Damon avait dû la voler après l'avoir tuée.

Spontanément, son souvenir resurgit dans mon esprit : ses yeux verts pleins de tendresse à mon égard, les taches de rousseur qui parsemaient chaque centimètre de sa peau, la façon avec laquelle elle s'était offerte à moi, si courageusement, au bord du lac, n'hésitant pas un instant à m'offrir son sang en dépit de ce que j'étais et de ce que j'aurais pu lui faire...

Enfin, l'image de son corps sans vie, recroquevillé dans l'herbe derrière chez Lexi, se matérialisa.

— Salaud, l'insultai-je d'une voix grave, chargée d'une rage si intense que je ne la reconnus pas.

Une rage accumulée depuis des semaines sans qu'elle trouve d'issue, à tel point que mes muscles me faisaient l'effet d'être en feu. Dans un terrible rugissement, je me jetai sur lui.

— Fiche-moi la paix une fois pour toutes !

Nos corps se heurtèrent avec la violence de deux blocs de pierre. Pris par surprise, Damon tomba vers l'arrière mais aussitôt me repoussa et se hissa sur ses jambes. Il enroula ses bras autour de mon cou et serra à la manière d'un étau.

— Si tu étais si impatient de te débarrasser de moi, il fallait réfléchir à deux fois avant de me changer en vampire, sans même me demander mon avis, rétorqua-t-il d'une voix sifflante qui n'avait plus rien à voir avec la jovialité qu'il avait affectée plus tôt.

Je me débattis mais son genou, appuyé contre ma colonne vertébrale, me clouait au sol.

— C'est toi qui as tenu à faire de moi un vampire, toi seul qui as vu dans l'héritage de Katherine une bénédiction plutôt que l'inverse.

— Crois-moi, haletai-je en continuant à résister à sa capture. Si je le pouvais, j'effacerais tout.

— Ttt, gronda Damon. Père ne t'a-t-il pas appris qu'être un homme, c'est vivre avec ses choix. (Il m'écrasa la joue contre le revêtement goudronné, éraflant ma peau.) Mais encore une fois, tu n'auras été que la source de déceptions sur la fin, entre ton refus d'épouser Rosalyn, tes mauvaises fréquentations féminines, son meurtre...

— C'est *toi* qui le décevais sans arrêt, crachai-je. J'aurais dû te tuer quand l'occasion s'est présentée.

Damon se mit à rire sèchement.

— Eh bien, ç'aurait été dommage parce qu'alors, je n'aurais pu faire ceci.

Mon frère relâcha la pression dans mon dos pour m'agripper par le pan arrière de ma chemise.

— Qu'est-ce que tu... ?

Avant que j'aie le temps de finir, mon frère me propulsa vers l'avant avec la force d'un canon. Mon corps tangua dans l'air de la nuit et, l'espace d'un court instant marqué par un état d'apesanteur, je me demandai si je ne volais pas. Ensuite, je heurtai de plein fouet le trottoir, dur, de l'allée située entre la demeure des Sutherland et celle de leurs voisins. Certains de mes os se brisèrent dans un inquiétant craquement à cause de la violence de l'impact.

La douleur qui irradiait dans mes membres m'arracha un grognement alors que je roulais sur le côté pour me mettre sur le dos. Le visage couvert de sang, je restai sans bouger par terre, les yeux rivés aux étoiles en attendant que mes pouvoirs me fassent guérir, qu'ils ressoudent mon squelette et referment l'entaille sur ma joue avec une rapidité dépassant celle du meilleur des chirurgiens.

Au moment de me relever, pour autant, une nouvelle douleur se déclencha dans ma poitrine. Là, sur le mur de briques de la maison des Sutherland, en lettres rouges qui ne pouvaient qu'être du sang, était écrite une promesse terrifiante :

Je vois tout.

14.

Le vendredi, Winfield nous emmena, mon frère et moi, faire des essayages de costumes. Dans d'autres circonstances, j'aurais peut-être autant apprécié ma visite chez Pinotto Couture que lorsque j'étais allé chercher des vêtements avec Lexi, à La Nouvelle-Orléans. Pasqualle Pinotto, expert dans son domaine, descendait d'une longue lignée de tailleurs ayant servi les rois et les reines d'Europe. Son pince-nez en place, sa craie en main et son mètre autour du cou, il m'évoquait un personnage de conte de fées. Je fis l'effort d'utiliser les quelques mots d'italien que je connaissais pour lui parler, ce qui l'amusa, même s'il me corrigea à chaque reprise. Mon frère, évidemment, fit semblant de ne vouloir parler qu'anglais, puisqu'il était devenu résident américain, mais s'attira malgré tout les faveurs du tailleur, enchanté de rencontrer un compatriote.

— Regardez. (Damon plaça contre son visage un rouleau de soie rouge.) Nous pourrions doubler nos vestes avec. Ne trouvez-vous pas que cela met la couleur de ma bouche en valeur ? Ou... celle du cou de Lydia ?

Il déplaça le tissu à l'endroit de la marque de ses crocs s'il y en avait eu une.

Winfield parut troublé, tout à coup.

— Elle s'est mise à porter des foulards autour du cou, récemment. C'est là que tu veux en venir ? Je trouve cela particulièrement étrange. Cela n'a jamais été dans ses habitudes.

Damon lui jeta un regard mêlé de surprise et de contrariété si bref que je fus seul à le surprendre. Je m'étonnais que M. Sutherland remarque ainsi les changements si subtils qui survenaient dans son entourage alors qu'il paraissait par ailleurs impuissant face à la force de persuasion de mon frère. Cependant, je pensais pour ma part que la sécurité du vieil homme fortuné résidait avant tout dans son ignorance du complot de Damon.

Je m'appuyai contre le mur, éreinté par la tension ambiante. J'éprouvais une sorte de claustrophobie à me trouver cerné par autant de rouleaux de tissu fin, dans un labyrinthe de miroirs et une enfilade de machines à coudre, cette sensation d'enfermement faisant trop écho à mon lot quotidien.

Le corpulent M. Sutherland alla s'asseoir sur une chaise pour se reposer. Il semblait ne pas tenir en place, cherchant avec fébrilité son cigare même s'il n'avait pas le droit de fumer dans l'atelier, la fumée risquant d'endommager les étoffes.

— Voilà un tissu qui, je pense, vous plaira, annonça Signor Pinotto comme il nous présentait de la laine noire crêpée si raffinée et délicate qu'on aurait pu la confondre avec de la soie. Je l'importe d'un petit village en Suisse. Ils travaillent...

— Le tissu, je m'en charge, le coupa Winfield en faisant tourner un cigare éteint entre ses doigts. C'est mon métier. Laissez plutôt ces jeunes gens choisir le style qui est à leur goût.

Damon examina des vestes, en sortant une de temps à autre pour la mettre devant lui et voir si elle lui irait.

— En queue-de-pie, avec ce tissu noir, nous aurons l'air de véritables créatures de la nuit, commenta mon frère. Vous ne trouvez pas, Stefan ?

— En effet, vous avez raison, acquiesçai-je froidement.

— Tenez. Essayez donc ceci.

Il me donna la même veste que la sienne, en plus petit. Poli, je retirai la mienne pour l'enfiler. Elle m'allait presque : légèrement trop large de carrure. Mon frère était concentré sur le tailleur et Winfield qui discutaient de modèles, de doublures et de boutons. À cet instant précis, je songeai que j'aurais pu sauter par la fenêtre et prendre la fuite. Damon prendrait-il alors la peine de mettre à exécution ses menaces ? Irait-il jusqu'à tuer les Sutherland ? Voire... pire ?

Ensuite, je repensai au message inscrit avec du sang et décidai de ne pas prendre le risque de laisser l'humanité répondre elle-même à ces questions. Je refusai d'assumer la faute d'autres morts.

— Est-ce le genre de tenue dans lesquelles les jeunes gens se pavanent en ville de nos jours ? (Winfield me scrutait en plissant le front.) Je n'ai jamais vraiment été un... – comment dites-vous, déjà ? – un noctambule ?

Damon lui servit un sourire glacial.

— Il ne faut jamais dire jamais.

En une seconde, il vint se poster près de moi, face au miroir, boutonna sa veste et ajusta sa queue-de-pie. Alors, il s'appliqua à observer mon propre habillement.

— Voyez donc ça ! (Il passa un bras autour de mes épaules.) On pourrait presque nous prendre pour des frères.

— Ça, c'est du passé, répliquai-je si bas que lui seul entendit. Aujourd'hui, tu m'es aussi étranger que le Diable en personne.

— Hum. (Winfield leva les yeux.) C'est vrai que vous vous ressemblez un peu, tous les deux. Les cheveux... Et le visage. Mes petits-enfants auront tous un air de famille ! Des dizaines d'entre eux. Je les ferai sauter sur mes genoux !

— Absolument, je compte bien avoir une famille nombreuse, M. Sutherland, approuva joyeusement mon frère. C'est important pour moi que les liens de sang se perpétuent.

— Tu vas trop loin, le menaçai-je dans ma barbe.

— Tu n'as encore rien vu, répondit-il sans cesser de sourire.

— Ah vraiment ? Alors c'était quoi ce message inscrit en lettres de sang ?

Damon fronça les sourcils.

— Quel message ?

— À vrai dire, je crois que je préfère le rouge, déclara Winfield, le rouleau d'étoffe en main. (La tension de la scène lui échappait totalement.) C'est parfait : Damon DeSangue... en rouge sang, non ?

Mon frère ne put masquer son étonnement. Moi-même, j'étais surpris.

— Je parle quatre langues, les garçons, nous avertit Winfield, un soupçon de grognement dans la voix mais en souriant largement. Et peux en lire quatre autres. L'italien n'est que la première.

Winfield n'était donc pas aussi innocent qu'il en avait l'air. Sous ses allures de bouffon, il cachait bien son jeu. Bien sûr, j'aurais dû m'en douter : un homme d'affaires ayant aussi bien réussi que lui !

— Et puisqu'on parle italien, *ho bisogno di vino ;* j'ai bien besoin d'étancher ma soif, moi. J'ai emporté une bouteille de ma propre cave : un amontillado absolument fantastique ! Vous vous joignez à moi, les garçons ?

— Pour vider une bonne cuvée Sutherland en une fois, là, tout de suite ? Volontiers ! accepta Damon sur le ton de la plaisanterie en me flanquant une tape dans le haut du dos à la manière de notre futur beau-père.

De découragement, mes épaules s'affaissèrent. Au début de notre vie de vampire, s'il y avait une chose que je voulais plus que tout, c'était rester avec mon frère pour l'éternité. À présent, j'aurais tout donné pour m'en débarrasser définitivement.

15.

La nuit qui précéda le mariage, je restai debout devant la fenêtre de ma chambre un long moment. Un superbe quartier de lune se profilait dans le carré que découpait la vitre aux riches ornements. J'avais la sensation que tous les acteurs du théâtre nocturne, sans exception, m'appelaient sur un ton aguichant : *Viens jouer avec nous. C'est l'heure de la chasse. Rejoins-nous dans les ténèbres*. Les poils, sur ma peau, se hérissaient au moindre souffle venant la caresser. Mes narines, dilatées, ne manquaient pas une seule des odeurs qui les assaillaient par milliers et que portait précisément la brise.

Je ne suis pas fait pour rester enfermé la nuit... songeai-je. J'avais cru mon existence misérable à l'époque où je chassais les écureuils, dans le parc, mais ici, j'étais pris au piège de ma parole, de ma culpabilité, de ces murs que je maudissais, de cette famille d'humains ensorcelés, de mon frère.

Mme Sutherland était venue me rendre visite, plus tôt dans la soirée. Elle n'avait pas dit grand-chose, se contenant de me tapoter la main et de me pincer la joue, de me rassurer, arguant qu'il ne fallait pas que je me tracasse, que la cérémonie serait bientôt terminée et qu'alors, nous tous – nous ! – pourrions reprendre notre vie normale, tous ensemble, heureux, en famille.

Elle était loin de se douter qu'une fois que Damon en aurait fini avec eux, les Sutherland pourraient dire adieu à la normalité et au bonheur.

Le flot de mes pensées fut interrompu lorsqu'on frappa à ma porte. Je délaissai la fenêtre et resserrai la belle veste d'intérieur en soie que Winfield m'avait prêtée. Mme Sutherland avait peut-être oublié quelque chose, imaginai-je. Mais au moment où la porte s'ouvrit, je découvris un visage espiègle, au teint rose.

— Bridget ! m'exclamai-je en grondant à moitié.

Je jetai autour de moi des regards affolés dans l'espoir qu'une mystérieuse issue de secours se matérialise soudain, qui me permettrait de m'évader.

Elle gloussa et se précipita à l'intérieur, claquant la porte derrière elle pour s'appuyer contre son pan comme si elle venait de la refermer au nez d'une armée.

— Stefan, commença-t-elle sur un ton qu'elle devait penser suave.

Elle portait une robe de chambre en mousseline de soie parée de roses géantes en chenille. Dessous, au lieu de la traditionnelle chemise de nuit toute simple, elle avait revêtu une robe sophistiquée avec un corset en soie fuchsia et un ourlet assorti qui dégageait ses épaules et son cou.

— Bridget, répondis-je sur le ton de l'avertissement tout en reculant.

Ma tête heurta l'une des colonnes du lit à baldaquin.

— J'ai pensé que peut-être nous pourrions entamer notre lune de miel en avance, chuchota-t-elle avant de se ruer sur moi.

— Euh... balbutiai-je.

Elle avait les joues rouges et ses paupières se fermaient. En plus de l'envoûtement de Damon, elle était également soumise à ses propres émotions, soudain terriblement éprise de son futur mari.

Elle me poussa – avec une force que je ne soupçonnais pas – sur le lit et s'allongea sur moi. Je disparus sous d'innombrables épaisseurs de soie. Sa poitrine, chaque fois qu'elle se soulevait, émergeait un peu plus de son corset, et je sentais la chaleur de sa peau transpercer l'épaisseur de mon veston.

D'où j'étais, j'avais une vue imprenable sur sa nuque blanche et nue. Son muscle cardiaque battait vivement, conférant à son teint un reflet rosé, emplissant mes narines de l'odeur de son sang. Le parfum émanait de tout son corps, salé, chaud. Un frisson me parcourut au moment où elle pressa son corps contre le mien. La douleur familière jaillit le long de mes mâchoires. Une douleur délicieuse... En outre, cela faisait si longtemps que je ne m'étais pas octroyé ce plaisir... Du sang humain...

Cela ne pouvait pas faire de mal, jugea une partie de moi. Elle ne s'offusquerait pas que je veuille la mordre, sans que j'aie pour autant besoin de l'influencer. Elle ne souffrirait pas. D'ailleurs, elle y prendrait peut-être goût. Avant même dc m'en rendre compte, j'avais appuyé mes lèvres contre son épaule, le temps de humer sa chair, d'aspirer quelques gouttes, rien que quelques-unes...

Elle interpréta les mouvements de mon corps, sous elle, comme une invitation et m'embrassa en redoublant de fougue, ses jambes entrelacées avec les miennes alors qu'elle changeait de position pour être plus à l'aise...

— Non !

Je me ressaisis et parvins à reprendre le contrôle de la situation en la repoussant. Loin de moi l'idée de la bousculer, mais bien que dans un état de grande faiblesse, je l'avais écartée avec une force surhumaine. Elle tomba au sol, contre l'un des pieds du lit, visiblement choquée.

Alors, elle se mit à pleurer.

— Je... je ne vous plais pas, gémit-elle, de grosses larmes roulant sur ses joues.

— Bridget, ce n'est pas cela... (Mes crocs se rétractèrent pour laisser place à une douleur tenace, renforcée par le sang que je n'avais pu boire pour me rassasier.) C'est juste que... notre mariage est demain, Bridget. Plus qu'un jour. Si nous attendons jusqu'au moment... opportun, cela n'en sera que plus spécial. Imaginez, nous aurons passé une... une merveilleuse journée... vous, éblouissante, dans votre robe en...

— Brocart crème avec de la dentelle de Bruges sur les manches et un corsage ourlé de satin ivoire et un voile assorti brodé de roses en soie ivoire elles aussi, précisa-t-elle entre deux reniflements.

— Exactement.

Avec délicatesse, je caressai son coude et, d'une main sous son menton, je redressai sa tête afin d'aligner ses iris et les miens. Elle s'épongea les yeux dans sa robe de chambre.

— Accordez-moi le bonheur de garder en mémoire de ma nuit de noces cette image de vous, divine, dans votre robe de mariée.

Sans cesser de renifler, elle consentit à ma requête et esquissa un timide sourire.

— Entendu.

Puis, elle redevint elle-même et ricana à nouveau pour finir par quitter le pied du lit d'un pas résolu, en direction de la porte.

— Bonne nuit… cher amant, dit-elle en roucoulant avant de partir.

Dès sa sortie, je me laissai retomber lourdement sur le matelas et étouffai un gémissement plaintif dans l'oreiller. Ma frustration n'en fut pas améliorée pour autant. Debout, je marchai entre la fenêtre et la porte un nombre incommensurable de fois. Incapable de rester tranquille, j'aurais voulu m'enfuir, me mettre en chasse d'une proie, faire quelque chose – peu importait quoi. Seulement, je n'avais pas le choix. J'étais pris au piège. Dans cette chambre, cette situation, ce terrible entre-deux, ni tout à fait un monstre, ni plus humain non plus.

Je déchirai l'oreiller en deux et les plumes voletèrent partout tel un baril de poudre blanche.

Je te maudis, Damon, songeai-je avec hargne. *Je te maudis de m'avoir condamné à ce sort. Et vous aussi, Katherine, d'en avoir été l'instigatrice.*

16.

Le 12 novembre 1864

Vivre avec Damon revient à jouer aux échecs avec un déséquilibré. J'ai beau imaginer plusieurs centaines de stratégies de défense, anticiper la multitude de mouvements qu'il pourrait faire, il finit toujours pas changer les règles du jeu.

Son récent penchant pour la violence gratuite en fait un être incalculable. Même si nous nous nourrissons de sang, nous autres vampires avons un tant soit peu de volonté. Rien n'oblige Damon à se laisser mener par son côté sombre. Pourtant, c'est sa façon d'agir. Et il jouit de cette noirceur.

Témoin horrifié de son changement de personnalité, je ne suis pas non plus dénué de culpabilité. Après tout, c'est moi qui l'ai conduit sur cette voie. Katherine l'a transformé mais j'ai achevé cette transformation en forçant mon frère à se nourrir pour la première fois de sang humain.

Maintenant que j'ai vu son message à mon intention, sur ce mur, il ne me paraît plus envisageable de quitter les Suther-

land avant d'avoir trouvé un moyen de garantir leur sécurité. Après le sort que Damon a réservé à Callie… rien ne démontre qu'il ne se débarrassera pas de la famille au complet une fois qu'il en aura obtenu ce qu'il voulait.

Mais à quel moment passera-t-il à l'action ? Pendant la cérémonie ? Après le mariage ? Au retour du voyage de noces ? L'année prochaine ? Pourrais-je emmener les filles quelque part pour les cacher ? M'écouteraient-elles ? Devrais-je les y contraindre mentalement ? Damon avait réussi à me trouver ici, pouvait-il recommencer avec moi ou avec elles, n'importe où ?

Il me faut un plan au cas où mon frère ne se contente pas de fuir la ville, sa nouvelle fortune sous le bras.

Bien entendu, le plus simple serait de le tuer.

Et voilà : un maniaque fou, imprévisible et sanguinaire de moins chez les vampires. Le monde et moi-même ne nous en porterions que bien mieux. À supposer, malgré tout, que j'y parvienne. Je suis loin d'être aussi fort que lui ; il faudrait que je le prenne par surprise ou que j'aie recours à la ruse ou la fourberie. Comme il l'a fait avec Callie.

Il ne sert à rien de fomenter ce genre de plan. Je ne m'abaisserai pas à ses manières. C'est mon frère. Et aussi affreux soit-il, il est mon dernier parent en ce monde.

Le lendemain, les minutes filèrent à vive allure ; à croire que le destin me voulait marié au plus vite. Quelle ironie du sort : un vampire, la bague au doigt ! Sans même que j'aie eu l'occasion de m'exprimer, on m'avait sanglé dans un costume étriqué, gavé d'une platée de pancakes contre mon gré et fait parcourir plus d'une centaine de pâtés de maisons au nord, jusqu'à l'autel d'une chapelle où j'attendais d'embrasser ma destinée, à l'instar des Sutherland, qui eux ne le savaient pas.

Damon et moi nous tenions côte à côte dans ce qui servait de salle de réception au manoir de Woodcliff, la petite église familiale des environs étant bien trop modeste pour les goûts de Bridget. Les Richard avaient donc eu la gentillesse de la laisser utiliser leur résidence à l'extrémité de l'île de Manhattan. Elle s'apparentait davantage à un château avec ses tours grises, ses parapets et ses herses décoratives – le tout construit à partir de la roche grise qui affleurait en abondance sur le promontoire rocailleux où elle était située.

Non loin de là, derrière les fenêtres cintrées de style gothique, se trouvaient les vestiges du Fort Tryon, lieu d'une triste défaite de l'Armée continentale dirigée par George Washington face aux Britanniques.

Mon esprit divagua soudain alors que je me représentais les soldats anglais et les nuages de fumée de la poudre à canon... Quand tout à coup, il me vint une idée : Katherine aurait tout à fait pu assister à une telle bataille. Je ne lui avais jamais demandé son âge – Damon, peut-être, le connaissait-il – mais je savais qu'elle était beaucoup plus vieille qu'elle ne paraissait. Par conséquent, elle avait sans doute été témoin d'événements dont je n'avais entendu parler que dans mes livres d'histoire.

Cette pensée me fit frissonner mais la chaleur torride qui régnait dans la salle me réchauffa sans attendre. Mon frère et moi faisions face à plus de deux cents membres de la haute société new-yorkaise assis en rangs d'oignons sur des bancs d'église ressortis pour l'occasion, tous plus inconfortables les uns que les autres. Jamais ils ne se seraient doutés du danger auquel ils s'exposaient par leur présence ici.

Je tirai sur mon col pour dénouer un peu ma cravate qui semblait subitement trop serrée. Ma vue se brouilla et, l'espace d'une seconde, la pièce parut se métamorphoser, les vêtements et la peau de tous les invités fondre comme s'ils s'étaient embrasés. Sous leurs enveloppes cutanées disparues telles des coques d'épis de maïs enflammées, je vis brièvement apparaître leurs squelettes de porcelaine tenus en place par les nœuds de leurs tendons.

— Stefan ! siffla Damon en m'assénant un coup de coude. (Je m'aperçus alors que je m'agrippais à son bras.) Je dois appeler un médecin ou tu penses que tu vas t'en sortir ?

Je répondis par la négative, ne comprenant pas ma réaction. Les visages de la cohorte de convives redevinrent nets, vivants, heureux et souriants derrière les éventails qu'ils agitaient avec discrétion.

Je dus me résoudre à admettre que Mme Sutherland avait accompli un remarquable travail de décoration avec Mme Richard et ses intendantes. Un tapis rouge épais jonchait le sol ; on y avait disséminé tant de pétales de fleurs qu'il était pratiquement impossible de voir le tissu en dessous. Rose, blanc et d'un rouge des plus profonds, les pétales dessinaient un chemin floral dans un jardin imaginaire. Des guirlandes de fleurs exotiques au prix sans doute exorbitant bordaient les bancs et des effluves d'agrumes saturaient l'air. Au plafond pendaient des compositions florales géantes, véritables feux d'artifice de pétales multicolores tandis que dans chaque recoin, dans le moindre renfoncement gothique en forme de voûte, des vases exposaient d'élégants bouquets d'herbes et de branches de cognassier, soulignant l'effet décoratif boisé.

Toutes les personnes présentes étaient parées de leurs plus beaux atours, les hommes en queue-de-pie, certains avec leur écharpe de diplomate. Moire de soie pour les femmes d'un certain âge, soie plus fine pour les plus jeunes, des mètres et des mètres de tissu les enveloppant jusqu'aux chevilles. Des plumes, des pierres précieuses, des oiseaux entiers même, parfois, ornaient les chapeaux. Pour la circonstance, on avait ressorti les bijoux de famille : perles, diamants et rubis scintillaient à tous les cous et poignets, certains de la taille de mon pouce.

Toutes les femmes s'éventaient avec des accessoires fabriqués en soie, peints au Japon ou en Angleterre, qu'elles tentaient d'agiter délicatement ; mais la plupart d'entre elles finissaient par les faire claquer frénétiquement pour brasser le plus d'air possible, si bien qu'au bout du compte les hôtes féminines gardaient un teint rosé en dépit de tous leurs efforts pour rester pâles.

Les murmures et conversations animées filaient bon train et, naturellement, grâce à mon ouïe bien plus fine que la norme, j'aurais pu suivre n'importe laquelle d'entre elles même si, en réalité, je n'en avais pas vraiment envie, sachant que toutes tournaient autour d'un unique sujet :

—... si vite. Ils se sont rencontrés il y a seulement un mois. On ne vous a pas raconté l'histoire ? Il s'est montré si chevaleresque...

—... quelle chanceuse. Pourvu que ma Lucretia se marie elle aussi...

— Apparemment, la plus jeune des Beaumont aurait sauté au cou de DeSangue mais il n'avait d'yeux que pour Lydia...

—... quel bel homme ! Et un comte, pour couronner le tout !...

—... oui, mais qui est l'autre déjà ? Celui qui épouse Bridget ?

Je fermai les paupières ; si seulement j'avais pu en faire autant avec mes oreilles. J'aurais donné n'importe quoi pour être dans ma grotte, au parc, plutôt qu'ici.

— On se croirait au bon vieux temps, pas vrai, petit frère ? (Damon, en soupirant, ajusta les poignets de ses manches.) Dans une autre vie, Rosalyn et toi seriez mariés à présent.

— La ferme.

Il avait pourtant raison. Si Katherine n'avait pas tué ma camarade d'enfance, je l'aurais épousée. À l'époque, j'estimais qu'un mariage forcé avec quelqu'un pour qui je n'éprouvais aucun sentiment était la pire chose qui puisse m'arriver. Ce que je pouvais être naïf...

Je ne quittai pas mon sourire bien qu'à cette heure il ait dû paraître forcé. Dardant vers l'assistance des regards accusateurs, je cherchais la ou les personnes dont le foulard aurait été dépareillé. Le matin, j'étais parvenu, pour me rassasier, à mettre la main sur deux colombes blanches. Initialement, il était prévu qu'on les relâche en guise de symbole romantique à l'issue de la cérémonie. Et Damon ? Quand s'était-il nourri pour la dernière fois ? À moins qu'il n'ait envisagé un festin où le sang coulerait à flots ?

— Regarde-nous tous les deux, chuchota-t-il à mon oreille tout en hochant la tête, un sourire aux lèvres, à l'intention d'un des invités, dans la salle. Nous faisons la paire et, question physique, nous n'avons pas à rougir.

— Si je fais cela, répondis-je entre mes dents, c'est uniquement pour sauver des vies. Maintenant, tais-toi.

Damon leva les yeux au plafond.

— Tu n'es vraiment pas drôle, petit frère ; j'espère pour toi que tu vas développer ton sens de l'humour sans tarder. Autrement, l'éternité risque de nous sembler *bien* longue.

Les premières notes de la marche nuptiale résonnèrent, ce qui me dispensa de répondre.

Le mari de Margaret ainsi que Bram, qui assumaient auparavant le rôle de placeurs, s'avancèrent dans l'allée en premier. Les autres hommes de la suite étaient de jeunes gens sans maturité qui profitaient de l'occasion pour charmer sans aucune gêne les demoiselles d'honneur qu'ils escortaient. Celles-ci étaient vêtues de robes couleur pêche assorties et de chapeaux démesurés... mais je remarquai que l'une d'entre elles portait un accessoire passablement différent. Hilda avait effectivement enroulé à la hâte un foulard autour de son cou.

Je foudroyai le coupable du regard.

Damon réagit d'un simple haussement d'épaules.

— J'ai fini par avoir un petit creux à force d'attendre.

En vérité, ce constat me soulageait plus que l'inverse : il signifiait que mon frère ne se réservait pas pour quelque chose de plus grandiose, après.

Winfield remonta finalement l'allée, fier comme un coq, une fille à chaque bras. Lydia se déplaçait avec une grâce majestueuse, tout en légèreté. Les plis de sa robe à la coupe simple, blanche, en tissu épais, frémissaient à chacun de ses mouvements. L'étoffe remontait jusqu'au cou et descendait le long de ses bras au niveau des poignets, ornée seulement d'une ligne de perles de nacre sur le devant. Un voile en tulle, suspendu à l'arrière, flottait jusque dans son dos. On aurait dit une princesse de conte de fées et le petit sourire secret qu'elle avait sur les lèvres ne faisait qu'ajouter à cette beauté.

Au bras gauche de Winfield, Bridget dans sa robe de brocart et satin. Étonnamment, je la trouvai belle en dépit du côté un peu surfait de sa tenue. Sur le haut de sa tête, un immense voile de dentelle rappelait une couronne. J'avais peine à comprendre, à présent, comment j'avais pu trouver quelque ressemblance entre elle et

Callie. Bridget était aussi apprêtée et immature que Callie était indépendante et douée de sens pratique.

Penser à elle dans un moment pareil n'était pas une très bonne idée.

Le temps s'étira, le pied de Bridget se levant et se reposant au ralenti pour l'approcher davantage de moi. Ses jupes semblaient se mouvoir de leur propre volonté. Sa bouche s'ouvrait et se fermait entre deux gloussements qui paraissaient lointains et déformés. Tout à coup, je détectai l'odeur immanquable du citron mélangé au gingembre.

Tout se brouilla devant mes yeux...

Katherine ?

Soudain, au lieu de se poser sur Bridget qui se dirigeait vers moi dans sa robe de mariée, mon regard fixa la femme à qui je devais ma place ici. Sa chevelure noire, épaisse était ramassée dans un voile de dentelle pour révéler des épaules et une nuque nues et parfaites. Contre sa gorge, le camée bleu brillait. Elle pencha la tête avec une modestie affectée tandis que sous ses cils allongés dansaient avec malice deux pupilles pointées dans ma direction. Elle pinça les lèvres ; mes jambes, sous moi, semblèrent se dérober.

Damon l'avait-il repérée lui aussi ? Je considérai mon frère avec méfiance, essayant de deviner ce qu'il pensait ou voyait. Quel qu'ait été le sentiment qui continuait de me lier à Katherine – un amour véritable ou bien une relation de pouvoir entre deux vampires –, elle gardait sur moi la même emprise ; je me sentais hanté par elle. L'expression de Damon, néanmoins, restait figée dans un masque de bonheur et d'amour inébranlables.

Le temps reprit son cours normal. Bridget se posta à mes côtés, et me sourit avec excitation.

Avant que j'aie le temps de m'en rendre compte, les demoiselles d'honneur étaient près de nous, le prêtre devant et les alliances dans nos mains.

Heureusement, la cérémonie ne dura pas longtemps. Le prêtre prononça un sermon sur l'amour et lut plusieurs passages de la Bible qui, dans d'autres circonstances, m'auraient sans nul doute plu. J'hésitais entre espérer que le prêtre poursuive ainsi indéfiniment – ce qui me donnerait un maximum de temps pour repousser l'inévitable – et souhaiter qu'il en finisse au plus vite.

— Si quelqu'un, dans cette salle, connaît une raison valable de s'opposer à l'union par le mariage de ces deux couples, qu'il se manifeste ou se taise à jamais.

Je balayai l'assistance du regard dans l'espoir qu'une personne se lève et formule une objection. Margaret, par exemple. Je l'imaginai soumettant la preuve que Damon DeSangue n'était pas qui il prétendait être ou arguant que j'étais un espion pour le compte des sudistes ou... Toutefois, l'aînée des filles Sutherland désapprouva d'un signe de tête sans dire un mot, les mâchoires fermées. C'était peut-être le fruit de mon imagination, mais j'aurais juré que sa mère lui serrait le genou de toutes ses forces.

Damon échangea ses vœux en premier. Je n'écoutais pas : mes oreilles bourdonnaient si fort que je m'étonnais que personne d'autre que moi n'en ait conscience.

Que se passerait-il une fois le mariage terminé ? Les Sutherland survivraient-ils jusqu'au lendemain ? Serais-je contraint, le jour où je me mariais, de me battre contre mon frère jusqu'à mon dernier souffle ?

— Répétez après moi, exigea finalement le prêtre.

Je m'exécutai.

— Moi, Stefan Salvatore, vous prends vous, Bridget Lynn Cupbert Sutherland pour épouse pour le meilleur et pour le pire. Je promets de vous chérir dans la richesse comme dans la pauvreté ou dans la maladie... jusqu'à ce que la mort nous sépare.

— Moi, Bridget Lynn Cupbert Sutherland, vous prends vous, Stefan, pour époux pour le meilleur et pour le pire. Je promets de vous chérir dans la richesse comme dans la pauvreté ou dans la maladie, jusqu'à ce que la mort nous sépare.

Elle avait oublié mon nom de famille et, au reflet dans ses pupilles, je compris que c'était parce qu'elle se remémorait la nuit d'avant.

On plaça un anneau dans ma paume – un jonc en or tout simple, gravé à l'intérieur de mes initiales et de celles de Bridget. Un petit morceau de métal précieux qui scellerait mon destin.

Je pris la main de Bridget et prononçai d'une voix claire, étonnamment posée :

— Que cette alliance symbolise notre union et ma fidélité envers vous au nom du Père et du Fils et du Saint-Esprit.

Je la passai à son doigt et elle poussa un cri de joie.

Ensuite, je l'embrassai, m'acquittant de cette pénible tâche avec rapidité mais en espérant que ce spectacle suffise à satisfaire les invités. Bridget s'agrippa à moi dans une tentative de faire traîner cette étape en longueur. Sa bouche avait un goût de menthe. Et moi, j'avais la nausée.

Sans compter qu'à présent, j'étais un vampire marié.

17.

La réception avait lieu dans une salle de banquet, à l'entrée de laquelle mon frère, Lydia, Bridget et moi étions alignés pour saluer et remercier nos invités. Damon prit son rôle un peu trop sérieux, exagérant les courbettes et faisant semblant de reconnaître des gens qu'il n'avait jamais vus. Il devait sans doute les convaincre mentalement qu'il était un de leurs vieux amis. Pendant que Bridget exhibait son alliance, Lydia, selon son degré d'intimité avec les convives, leur serrait la main, les embrassait chaleureusement, les gratifiait de généreux sourires. Elle éclata même de rire lorsque Bram tenta de lui soutirer un « baiser d'adieu » pendant que sa sœur cadette, debout près d'elle, irradiait de bonheur.

— Merci d'être venu aujourd'hui, dis-je à tant de reprises que les mots finissaient presque par me râper la langue. Nous sommes si heureux que vous ayez pu assister à nos noces. Merci infiniment pour votre présence.

Enchanté de vous rencontrer. Merci, merci d'être à nos côtés en ce jour.

— Stefan *Salvatore* ? releva une femme en robe de soie grise épaisse qui portait une parure de perles.

Elle retint ma main anormalement longtemps eu égard à la règle des bienséances. Elle insista sur le « e » à la fin de mon nom de famille et me toisa d'un œil aussi froid que la pierre.

— Oui, madame, acquiesçai-je avec une mimique la plus sympathique possible.

— Les Salvatore de *Florence* ? La famille du prince Alessandro ?

— Je n'en suis pas certain, madame. (Je m'efforçai de ne pas laisser mon visage se décomposer.) À son arrivée dans ce pays, mon père s'est proclamé américain et il n'a pas gardé de contacts avec ses anciennes relations.

Elle écarquilla les yeux et relâcha son étreinte autour de ma main.

— Un immigré. Comme c'est charmant !

Sans un sourire, elle s'écarta et passa son chemin.

Sept cents hôtes plus tard, nous pûmes enfin nous asseoir. La table des mariés était décorée de feuilles de palmiers et de guirlandes de fleurs gigantesques et couvertes des mets les plus délicats dont on puisse rêver – ou se targuer de servir à ses convives. En entrée, on nous apporta une assiette de délices de la mer : huîtres, saumon fumé d'Écosse et caviar russe, notamment. Le plat de résistance s'apparentait à un festin pour carnivores : rosbif, caille, venaison, faisan, bécasse, canard, agneau, porc rôti, viande froide et chaude, braisée, grillée, émincée, sautée, tranchée, en tourte.

Le tout couronné par une pièce montée à cinq étages réalisée à base de fruits par le meilleur pâtissier de la ville, avec des volutes et des colonnes en chocolat ainsi que des oiseaux en sucre. Les serveurs en veston noir remplissaient les coupes de champagne à la chaîne sur fond des conversations joyeuses de l'assemblée attablée. Mes muscles à moi, en revanche, étaient tous noués sans exception. Le « mariage » à proprement parler était officiel. Damon et moi étions légalement unis aux héritières Sutherland et ce n'était qu'une question de temps avant qu'il passe à l'étape suivante de son plan – quelle qu'en soit l'issue.

— Chéri, passez-moi un verre d'eau, voulez-vous ? demanda Lydia à mon frère en effleurant délicatement sa joue.

— Selon les coutumes, c'est le rôle de la femme d'aimer, d'honorer et d'obéir. N'est-ce pas plutôt à vous de m'en servir un, petite femme ? répliqua-t-il avec un sourire que je n'aimais pas.

— Bien sûr ! Tout ce que vous voudrez, dit-elle. De l'eau, du vin…

— Du sang ? la provoqua Damon.

Lydia se mit à rire.

— Vous n'avez qu'un mot à dire. Je suis à vous.

Bridget ne toucha pas à son coûteux repas, quittant sans arrêt la table pour aller bavarder avec des amis, le bras tendu devant elle à outrance pour s'enorgueillir de son jonc d'or. Quant à moi, je passai le dîner à jouer avec la nourriture dans mon assiette au moyen d'une fourchette en argent très lourde dont le prix devait être quasiment aussi exorbitant que les mets ou le service en porcelaine. Jamais, cependant, je ne quittai des yeux Damon.

Alors qu'on nous servait le dessert, Bram, par pitié pour moi, prit la place de Bridget quelques instants.

— Félicitations, l'ami. (Il me serra la main.) Vous et Damon avez remporté deux des meilleures jeunes femmes new-yorkaises.

J'approuvai de la tête, mais avec un air piteux.

— M. et Mme Sutherland sont merveilleux. Et Margaret... eh bien, c'est une furie, mais je ne doute pas que vous parveniez à trouver grâce un jour devant elle.

Aussitôt, je levai les yeux sur lui.

— Avez-vous remarqué quoi que ce soit de... d'étrange chez Margaret dernièrement ?

Bram connaissait les Sutherland depuis son enfance et je pensai que, peut-être, il aurait une idée sur les raisons pour lesquelles l'envoûtement de Damon n'opérait pas sur Margaret.

Bram se gratta le crâne, entre les boucles brunes qui retombaient sur son visage.

— Étrange ?

— Oui, elle n'est pas comme les autres. Elle est plus... forte, amorçai-je.

Mon interlocuteur laissa échapper un rire triste.

— C'est le moins qu'on puisse dire. Un jour, quand j'étais petit, je lui ai volé sa poupée préférée parce qu'il me fallait une infirmière. Mon frère et moi jouions aux soldats et il y avait des blessés. Vous auriez dû voir son regard ! Elle n'a même pas eu besoin de me toucher pour que j'aie mal. Inutile de dire que je ne me suis plus jamais approché de ses jouets après cela.

— Elle a réussi à vous faire mal sans vous toucher ? insistai-je, essayant de rassembler les pièces du puzzle.

Au même moment, cependant, Winfield me donna une petite tape sur l'épaule. Du menton, il m'indiqua une porte, au fond. Damon nous emboîta le pas avec une expression feinte de sérieux. Nous passâmes en silence près des invités pour sortir, puis nous empruntâmes un étroit couloir où je regardai par la fenêtre. Entre les arbres et les tours, j'aperçus l'Hudson, les rayons d'un soleil doré moirant sa surface tandis que bateaux et péniches glissaient avec lenteur sur le courant ou, au contraire, le remontaient. Un court instant, j'eus presque l'impression d'être dans la peau d'un roi jaugeant son royaume puisque mon récent mariage me faisait entrer dans l'une des plus riches familles new-yorkaises.

Nous pénétrâmes dans un fumoir aux pans de mur foncés où Winfield se dirigea tout droit vers une carafe de sherry à la teinte rubis. Damon sortit une flasque en argent et là, sous les yeux de Winfield, versa dans sa boisson du sang. Humain.

— À l'union éternelle, déclara Damon, son verre levé.

Winfield s'empressa d'acquiescer :

— Au mariage.

Je me contentai de hocher la tête et de boire le liquide en une fois, espérant qu'il étancherait ma soif.

— Il y a un sujet sérieux dont j'aimerais m'entretenir avec vous, les garçons.

Le père de famille s'enfonça sur une chaise de bureau. Damon s'approcha, plein d'espoir, alors que je me préparais à l'impossible et surtout au pire.

— Il s'agit de votre dot.

Je joignis les mains dans un nœud serré. Damon, lui, découvrit toutes ses dents, étincelantes. Il se laissa tomber sur un canapé en velours.

— C'était justement ma question, Père. Cela ne vous dérange pas que je vous appelle comme ça, si ?

— Pas du tout, mon garçon.

Sur ce, il lui offrit un cigare que mon frère accepta. Il en coupa une extrémité avec soin avant d'allumer l'autre avec tant de style que je me demandai d'où cela lui venait.

Ensemble, ils fumèrent, sans mot dire, pendant quelques instants, remplissant la pièce de gros nuages de fumée qui me firent tousser. Damon, qui savourait la gêne qu'il m'occasionnait, tira un malin plaisir de l'anneau de fumée qu'il exhala dans ma direction.

— Alors voilà ce que j'ai pensé. J'aimerais que tous les deux, vous soyez financièrement indépendants. Mes filles méritent de vrais hommes, des hommes sur qui elles peuvent se reposer, surtout si jamais il devait m'arriver quelque chose.

— Cela va de soi, approuva Damon en parlant sur le côté de la bouche, derrière son cigare.

— Je détiens plusieurs mines en Virginie, dont une d'or. Elles auraient bien besoin d'un bon gestionnaire. En outre, il y a ces actions dans le domaine ferroviaire que j'ai achetées...

Mon frère ouvrit grands les yeux. Je tournai la tête, n'ayant pas le courage de le regarder forcer ce pauvre homme à assouvir ses caprices en l'hypnotisant.

— Je préférerais des liquidités, dit-il.

— Entendu, ça me semble raisonnable, répondit Winfield sans même cligner des yeux ni marquer de pause. Sous forme de rente ? De traitement à vie ?

— La totalité en une fois, exigea mon frère sur un ton aimable.

— Un vingtième de ma propriété, de mon capital et de mes actions, alors ? précisa poliment l'homme d'affaires.

— Disons plutôt un quart.

Tel un automate, Winfield accepta sans réfléchir tout ce que proposa Damon.

Mais une question demeurait pour moi : Winfield était-il en sécurité maintenant ? Damon continuerait-il à jouer ce jeu avec lui, le tenant à proximité afin de lui extorquer tout ce qui lui plaisait ?

— Je suis soulagé de constater qu'il vous tient à cœur de continuer à assurer à mes filles le même degré de confort auquel elles sont habituées, commenta Winfield.

Sa voix, toutefois, sonnait creux ; à croire qu'une petite partie de son cerveau, quelque part, savait que quelque chose ne tournait pas rond.

En misérable victime, il sortit son chéquier et de quoi écrire. Cela ne dura que quelques secondes ; après, il me tendit un chèque sur lequel il avait inscrit tant de zéros que j'eus du mal à le déchiffrer.

La bouche de Damon se tordit dans un rictus de victoire. Il se leva et approcha de moi son verre plein du mélange sang-sherry. J'eus toutes les peines à résister à l'odeur enivrante, et plus encore à l'envie de bondir sur mes pieds pour tout avaler d'un trait.

Là, Winfield formula une phrase des plus banales mais également cruciale :

— Il va falloir attendre un moment avant d'encaisser ces chèques.

Il était loin de se douter que ce détail venait peut-être de lui sauver la vie.

Damon afficha un air menaçant, des éclairs dans les yeux. C'était un regard de colère et de frustration que l'on connaissait bien à Mystic Falls et dont personne ne voulait être responsable. Décevoir mon frère coûtait cher. Et c'était dangereux. Il chiffonna le morceau de papier.

— Vous n'aviez jamais évoqué ce détail auparavant, rugit-il.

Il agita son verre sous mon nez. Je me raidis, les crocs en feu sous l'effet de ma soif.

— Je vais devoir vendre une grande partie de mes biens immobiliers et de mes portefeuilles pour garantir les fonds suffisants.

Le ton de Winfield était si plaintif qu'il me rendait malade.

— Eh bien faites-le ! Qu'attendez-vous ? ordonna Damon.

Je ne restai pas pour voir la suite. Il fallait que je quitte cette pièce. Mon corps réagissait malgré moi à la fureur et à la faim qui s'étaient emparées de moi. Déjà, la transformation physique commençait.

— Il faut que je...

Je partis sans même formuler d'excuse, abandonnant mon frère diabolique et notre malheureux beau-père, là, dans ce château, pour retrouver le monde de la nuit auquel j'appartenais.

18.

Des centaines de maisons séparaient la demeure des Richard du centre de Manhattan. L'équivalent d'une quinzaine de kilomètres selon mes estimations. Seulement, se déplacer à la vitesse d'un vampire n'a rien à voir avec courir comme un humain, surtout sachant que je venais de vider de son sang l'une des chèvres des Richard. Le monde se brouillait tout autour de moi. Et *vice versa*. La tête baissée, je me concentrai sur les obstacles à éviter tout en m'efforçant d'user mes réserves en énergie au maximum. Quittant les hauteurs de Fort Tryon et la fraîcheur de ses arbres, je traversai la vallée qui le séparait du reste de la ville. De retour à la civilisation, je renouai avec les routes en terre qui sentaient la poussière et la végétation ainsi que le tabac qui me rappelait ma Virginie natale.

Au terme d'une semaine de torture passée à observer mon frère pour tenter de parer à ses éventuelles attaques, je n'avais qu'un souhait : que toute cette mascarade s'achève.

Mes prières, cependant, n'avaient pas été entendues.

Damon ne pouvait se débarrasser de Winfield avant de disposer, concrètement, de son argent, et Dieu seul savait combien de temps cela prendrait. En attendant, il fallait que je supporte la compagnie de Bridget, que je garde toute la famille à l'œil, que je me fonde dans la peau du nouvel époux absolument comblé tout en essayant d'anticiper la fin de partie de mon frère.

Je m'embourbai dans ma culpabilité : à chaque mouvement, j'avais la sensation de m'enfoncer plus et j'aurais voulu à tout prix sortir de ce jeu malsain.

La solitude, voilà ce que je recherchais. Si j'étais condamné à vivre en vampire pour l'éternité, qu'au moins, je puisse le faire en paix, sans témoin. Ni morts, ni blessure, ni maux – aucune preuve de cette existence hors norme. Je luttai pour m'échapper à moi-même, à mon nouveau statut d'homme marié, mais cela revenait à tenter de ruser face à l'ennemi, Damon, l'ombre qui planerait toujours sur ma vie après la mort – c'était peine perdue.

Le parfum de la nature fut bientôt supplanté par les odeurs d'égouts et de pourriture qui régnaient même dans les quartiers les plus riches. Dans les allées, derrière les vastes demeures, les domestiques sortaient vider les seaux à ordures dans des petites rues adjacentes tandis que les livreurs de lait laissaient des produits laitiers frais sur les marches des entrées secondaires. Une sorte de courant d'air étrange, semblable à une aspiration créée sur mon passage, une tache sombre fugace sur un mur comme si un nuage avait obstrué les rayons du soleil, c'est tout ce qu'ils remarqueraient.

Dans le quartier des marchands de tissu, je fus assailli par les odeurs agressives de produits chimiques et le roussissement des fibres des morceaux d'étoffe que de jeunes femmes coupaient, cousaient et teintaient pour les usines qui, peu à peu, remplaçaient les fermes de la région. Accoudées aux barreaux d'échelles de secours, les manches retroussées, ces jeunes travailleuses se réunissaient en petits groupes pour fumer leurs cigarettes lors de pauses bien méritées.

Alors que je passais, à vive allure, un peu trop près de l'une d'entre elles, le tourbillon, dans mon sillon, éteignit son allumette. D'un coup d'œil par-dessus mon épaule, je vis qu'elle fixait le filet de fumée, interloquée.

L'association d'odeurs de chair humaine et de déchets eut tôt fait de me submerger. À celles-ci s'ajoutaient la puanteur du crottin de cheval et les émanations de gaz, provenant des lampadaires, le brouillard noir, industriel qui s'échappait de chez les imprimeurs avec des odeurs d'encre mais aussi de poisson, portées par le fleuve. Seuls ces détails olfactifs de la ville m'atteignaient ; les bruits et les images se fondaient quant à eux dans une traînée noire et blanche. Des parfums capiteux, des senteurs florales. La viande sur les étals de bouchers, le bacon fumé. Le citron et le gingembre...

Je m'arrêtai net, au beau milieu de Washington Square. Ce parfum, c'était celui de Katherine.

Une main me flanqua une tape sur l'épaule. Je pivotai sur moi-même, plein d'espoir.

Mais au lieu de découvrir les boucles brunes de celle qui m'avait transformé, je me trouvai nez à nez avec Damon, un sourcil rieur arqué avec condescendance.

Mon air déçu ne trompa pas. Mes épaules s'affaissèrent, autant de fatigue que de désespoir. Je ne pris même pas la peine de chasser la main de mon frère. Où comptais-je aller, honnêtement ? Damon avait réussi à me suivre en haut de la côte est. Tant que je m'obstinerais à refuser de boire du sang humain, il resterait infiniment plus fort et plus rapide que moi. Tout ce que je faisais, c'était repousser le moment où l'inévitable arriverait enfin, tel qu'il l'avait prédit.

— C'est notre nuit de noces, petit frère. Où vas-tu comme ça ?

Son ton était acerbe.

Exténué, après mon épreuve de douleur et de vitesse, je restai sur place, sans bouger.

— Je comptais revenir.

Damon témoigna son incrédulité d'un regard au ciel.

— Hélons une calèche.

Il claqua des doigts. Un véhicule s'arrêta sur-le-champ.

— Soixante-treizième et Cinquième Avenue, ordonna-t-il au cocher par la trappe.

— Nous allons chez les Sutherland ? Pas chez les Richard ? constatai-je, troublé.

— Nous rentrons à la maison, rectifia Damon. Eh oui, la réception est terminée. Tu t'en es enfui juste à la fin.

— Qu'as-tu raconté à Bridget ?

Je ne résistai pas à poser la question. J'avais beau ne pas être amoureux d'elle, je me sentais malgré tout gêné de l'avoir abandonnée le jour de son propre mariage. En un sens, c'était probablement le pire châtiment qu'une fille comme elle pouvait endurer.

— Tu t'inquiètes pour rien : ton départ est passé complètement inaperçu.

— Cela signifie que tu n'as encore tué personne ?

— Qui a dit que j'allais les tuer ? Tu me prends pour un monstre ?

— Tout à fait.

— Eh bien, je suis ce que je suis et ça, je te le dois, conclut Damon avec une pichenette sur son chapeau.

— Tu ne facilites pas non plus vraiment les choses, maugréai-je.

— C'est parce que tu te berces de l'illusion que je suis censé *te* faciliter la vie. Grossière erreur, rétorqua-t-il avec froideur et des pupilles foudroyantes.

— Je trouve que tu te donnes énormément de mal pour continuer à faire partie de ma vie, commentai-je. Tu es certain qu'il ne s'agit que d'une simple vengeance ?

Il me lança un regard noir.

— Où veux-tu en venir ?

— Je pense que tu as besoin de moi, Damon. Je crois que sous la surface, derrière ta colère, tu as peur et tu n'arrives pas à accepter ce que tu es devenu. Je suis ton seul lien avec ta vie d'homme, le seul qui connaît ta véritable identité. Et je le resterai pour l'éternité.

Il plissa le front.

— Petit frère, ne va pas croire que tu sais tout de moi, siffla-t-il.

Il ouvrit à la volée la porte de la calèche et bondit à l'extérieur, vers le haut. Au bruit sourd sur le toit, je sus qu'il avait atterri là. La tête par la fenêtre, je regardai en l'air.

Saisi d'effroi, je vis Damon se ruer sur le cocher pour lui ouvrir la gorge d'un coup de mâchoire. Il ne but qu'une gorgée ou deux avant de le jeter par terre, dans la rue.

— Arrête ! hurlai-je.

Trop tard. Je tentai de sauter en marche pour me porter au secours du blessé mais mon frère me repoussa au fond de la calèche et accéléra alors qu'il tournait au coin d'une artère.

Perché au sommet du véhicule, les lèvres couvertes de sang, il fouetta le cheval jusqu'à ce que l'écume apparaisse au coin de sa bouche. Ensemble, mon frère et moi nous élancions à vive allure au nord, l'un aux commandes, l'autre commandé, tels Satan et un damné.

19.

Lorsque nous arrivâmes chez les Sutherland, notre cheval avait les lèvres recouvertes de bave mousseuse. Ses yeux se révulsaient, laissant apparaître des demi-cercles entiers de blanc.

— Tu parles d'un cheval de course, jugea Damon sans manières, en sautant de son siège. (Il donna à l'animal une tape sur le museau.) Cela ne m'étonnerait pas qu'il meure d'épuisement.

Je sortis de la calèche, assailli par une odeur nauséabonde qui aurait pu laisser croire que les Thayer vivaient près d'un abattoir.

— Je crois que c'est déjà fait, me risquai-je.

Après une profonde inspiration, je me redressai, me préparant pour la suite – qu'il s'agisse d'une offensive de mon frère contre les Sutherland ou de ma nuit de noces. Dans le dernier cas, j'aurais du mal à tenir ma promesse de ne plus jamais influencer mentalement des humains…

Paré à toute éventualité, je me dirigeai vers la porte.

— Pas si vite, petit frère.

D'une main sur ma poitrine, Damon m'arrêta. Il la glissa ensuite à l'intérieur de mon gilet avec l'efficacité d'un pickpocket pour extraire de ma poche le chèque que m'avait fait Winfield.

— Je vais en avoir besoin, annonça-t-il gaiement.

— Oh oui, de l'argent facile sans laisser de traces, dis-je sur un ton amer. Bien plus discret que de forcer le coffre d'une banque. Mais et le cocher alors ? Un macchabée dans le caniveau, tu effaces cela comment, toi ?

— Lui ? Personne ne le remarquera, expliqua Damon, surpris que je m'y intéresse. Regarde autour de toi, Stefan. Ici les gens meurent dans la rue tous les jours. Ce type, ce n'est personne.

Damon était devenu un vampire qui tuait aveuglément, même sans que cela soit à son profit direct, et n'éprouvait pas le moindre remords. Les premiers jours après ma transformation, j'avais tué par soif ou pour me protéger. Jamais pour le plaisir.

— En plus, cela t'a vraiment énervé, je l'ai bien vu. (Il s'en réjouit physiquement.) C'est là tout l'intérêt.

D'une légère inclinaison de la tête, il me signifia que je devrais entrer dans notre nouveau foyer en premier. Je levai les yeux sur sa superbe façade grise et ses gargouilles, regrettant qu'on m'y ait invité, ce fameux soir. J'aurais tant préféré rester condamné au-dehors en fantôme pathétique hantant le parc.

À cet instant, un cri terrible retentit.

Damon et moi nous précipitâmes à l'intérieur, arrachant presque la porte dans notre hâte.

Margaret, debout dans le salon, blanche comme un linge, couvrait sa bouche de sa main. Nul besoin de s'interroger sur la raison : la vue parlait d'elle-même.

Autour de la jeune femme, je découvris des éclaboussures noires et conclus instinctivement à de la peinture jusqu'à ce que je perçoive l'odeur caractéristique : du sang humain. L'équivalent de litres entiers en couvraient les murs et coagulaient en flaques au sol. Ce spectacle me plongea dans un effroi teinté de perplexité face à une telle quantité.

Damon, une main sur le nez pour faire barrage aux odeurs, indiquait quelque chose de l'autre.

Je ne remarquai d'abord qu'une paire de mollets en bas, en travers du tapis comme si une personne ivre était tombée à terre. Mais après, je m'aperçus que les jambes n'étaient pas rattachées à un corps.

— Non... murmurai-je, tombant à genoux, horrifié.

Les corps, découpés en morceaux, de Lydia, Bridget, Winfield et Mme Sutherland étaient dispersés à travers toute la pièce.

La famille dont j'avais épousé la cadette pour pouvoir la protéger, les innocents que je tentais de tenir à distance des tendances psychopathes de mon frère étaient tous morts. Pas seulement assassinés, mais découpés en pièce, massacrés par une brute.

— Qu'as-tu fait ? hurlai-je, ma rage déclenchant la mutation de mon corps, à commencer par mes iris, rougis. Qu'est-ce que tu leur as fait ?

J'allais trancher la gorge de Damon, je le jurai. C'était un monstre : j'aurais dû le tuer bien plus tôt, avant qu'il ne commence à détruire la vie d'autrui.

Seulement, Damon semblait aussi abasourdi que moi, ses pupilles bleues dilatées par une surprise qui ne pouvait qu'être authentique.

— Ce n'est pas moi.

Margaret lui décocha un regard assassin car, à entendre Damon, elle avait deviné qu'il aurait pu en être responsable. Une autre fois.

— Je vous crois, dit-elle tout bas, en remuant la tête de chagrin.

Sa réponse m'étonnait. Pourquoi, après toutes ces questions, ces regards noirs, ces accusations, pourquoi fallait-il qu'elle le croie maintenant ? Pourquoi, alors qu'elle avait supposé – et avec perspicacité d'ailleurs – qu'il n'en avait qu'après l'argent de son père et s'en irait aussitôt le magot empoché, ne pensait-elle pas qu'il était le meurtrier ? Bizarrement, toutefois, je croyais Damon, mais pour une raison et une seule : la froideur de son ton.

Comme si elle avait pu lire dans mes pensées, Margaret se tourna pour me faire face.

— Je sais quand les gens mentent ; ça ne rate jamais. C'est un... don, je suppose.

Je repensai à ce que Bram m'avait raconté, à la manière dont Margaret lui avait fait mal rien qu'en le regardant. Je caressai ma bague et songeai à Emily, la sorcière qui l'avait envoûtée pour me protéger du soleil. Se pouvait-il que Margaret ait des pouvoirs elle aussi ?

J'ouvris la bouche pour lui poser la question mais les larmes qui ruisselaient sur ses joues m'en empêchèrent. L'heure n'était pas aux interrogatoires. Après une profonde inspiration, je me relevai et marchai vers ce qui restait des corps, à la recherche d'un indice ou d'une explication sur le mobile du meurtre affreux.

L'autre moitié du corps de Mme Sutherland était étendue sur le ventre, près du canapé. Un de ses bras était allongé comme si elle avait essayé de se lever ou de ramper jusqu'à sa fille cadette.

On avait tranché la gorge de Bridget et sectionné tous ses membres en deux. Son visage, en revanche, était intact. Morte, elle ressemblait à la fillette qu'elle était en réalité, avec un teint de porcelaine et des lèvres entrouvertes, comme si elle dormait. Ses yeux, grands et vert clair, semblables à ceux d'une poupée, étaient restés ouverts, figés par la terreur. Délicatement, je passai mes doigts sur ses paupières pour les fermer.

Lydia, une main sur le visage, rappelait une statue sur une tombe romaine : même assassinée, elle restait digne. Je détournai le regard pour ne plus voir le piteux état de sa poitrine où les côtes fracturées avaient transpercé la chair.

Winfield faisait penser à un gros animal abattu, un bison foudroyé en plein élan. Des entailles très précises couraient le long de ses flancs – signe d'un travail de professionnel, d'un boucher, aurait-on pu croire.

Je m'approchai de Margaret et l'entourai de mes bras, faisant pivoter sa tête pour qu'elle cesse d'observer ce carnage. Elle me rendit mon étreinte mais sursauta lorsque ma main effleura sa peau, dans sa nuque.

Au bout d'un moment, elle se dégagea. L'expression de choc qui marquait ses traits s'estompait peu à peu. Elle s'affaissa sur une chaise et contempla à nouveau la pièce, cette fois avec un regard neutre.

— Je les ai trouvés comme ça en arrivant, commença-t-elle lentement. Je suis restée après tout le monde chez les Richard. Je vous cherchais ; j'ai demandé à tout le monde si on vous avait vus. Bram, Hilda et les autres étaient partis plus tôt. Ils projetaient des jeux stupides pour votre nuit de noces. Moi, j'ai simplement pensé que vous étiez déjà en route pour l'Europe, votre dot en poche.

— L'Europe, souligna Damon d'un air songeur.

Je le foudroyai du regard.

— La porte était ouverte, poursuivit-elle, et cette odeur atroce...

Un long silence s'installa. J'ignorais quoi dire ou quoi faire. Dans des circonstances normales, à l'époque de mon existence humaine, mon réflexe aurait été de mettre Margaret en sécurité, loin de chez ses parents, et de prévenir la police.

Je demandai à la jeune femme si elle s'en était chargée.

— Oui, ils ne devraient plus tarder. Et vous savez, ils vont vous suspecter.

— Mais ce n'est pas nous, renchérit Damon.

Elle acquiesça sans le regarder. Son teint était laiteux, à l'image du souffle de vie qui avait quitté les siens.

— Je sais, mais vous n'êtes pas complètement innocents non plus.

— Non, en effet, reconnut mon frère d'une voix lointaine comme il étudiait le corps de Lydia.

Un court instant, ses traits s'adoucirent. On aurait pu alors le prendre pour un humain en deuil. Puis, d'un mouvement brusque de la tête, il sembla s'extirper lui-même de sa rêverie éveillée.

— Margaret, je vous présente mes condoléances, déclara-t-il machinalement, mais Stefan et moi devons y aller.

— Pourquoi devrais-je partir avec toi ?

L'odeur de sang me montait au cerveau, où mes pensées fusaient.

— Comme tu voudras, reste ici, fais-toi arrêter.

Je me postai face à Margaret.

— Ça ira ?

Elle me dévisagea de la même façon qu'elle aurait dévisagé un fou.

— Toute ma famille vient de mourir.

Sa voix, tremblante, se brisa sur la dernière syllabe. Je posai une main sur son épaule, à défaut de mots qui la consoleraient. Personne ne méritait de vivre pareille tragédie. Pourtant, je me rendais compte qu'aucune parole ne ressusciterait sa famille.

Alors que Damon et moi partions, le cliquetis caractéristique d'un wagon de police retentit, juste devant la maison. On entendit le chef donner ses ordres à voix haute à ses hommes.

— Par-derrière, décidai-je.

Damon marqua son approbation d'un signe de tête et nous traversâmes la salle à manger puis la cuisine en courant jusqu'à la porte qui menait à la cour. J'allais poser la main sur la poignée lorsque Damon me retint, un doigt sur la bouche pour m'imposer le silence. Il colla son dos au mur ; je l'imitai. Mes sens aiguisés décelèrent ce que mon frère avait déjà deviné : un homme ou plutôt deux patientaient dehors en silence, armes au poing, prêts à nous arrêter quand nous nous échapperions de ce côté.

— Je vais m'en débarrasser, ce ne sera pas long, annonça simplement Damon.

— Non ! En haut, chuchotai-je. Par la fenêtre.

— D'accord, accepta-t-il malgré un soupir.

Ensemble, nous montâmes l'escalier des domestiques sur la pointe des pieds. Cependant, un bruit d'explosion assourdissant nous coupa dans notre élan. Il provenait du vestibule.

— Toi, en haut, et toi, dans le salon ! ordonna une voix sévère.

À en juger par les bruits de pas qui déferlaient, une division entière de policiers s'engouffrait dans la maison.

Damon et moi abandonnâmes toute tentative de rester silencieux, martelant les marches, gravies quatre à quatre. Une fenêtre à battants se trouvait au sommet. Mon frère l'ouvrit triomphalement et se prépara à recouvrer sa liberté dans un bond.

En dessous, pourtant, une dizaine de policiers armés tenaient le bâtiment en joue. Bien sûr, avec sa discrétion, Damon était parvenu à les alerter tous.

Les hommes commencèrent à tirer.

Même si les balles ne nous tueraient pas, elles nous ralentiraient. Je me jetai au sol, sentant du plomb me chauffer le cou.

— La trappe à charbon, suggérai-je.

Sans attendre sa réponse, je me précipitai vers le bas de la maison à la vitesse de vampire, Damon à ma suite. La police avait à présent envahi tout le rez-de-chaussée, mais ceux qui parvinrent à nous entrevoir lors de notre course jusqu'à la cave ne purent identifier avec précision les ombres floues qu'ils virent ou savoir si leurs yeux leur jouaient un tour.

La noirceur du sous-sol ne nous posa aucun problème et il nous fallut quelques secondes seulement pour rejoindre la réserve de charbon, derrière le fourneau. Je forçai la minuscule porte de biais qui menait à l'allée et bondis au-dehors.

J'allais me retourner pour aider mon frère quand je sentis le pistolet contre ma nuque. Lentement, je pivotais, mains en l'air. Une poignée des meilleurs officiers de New York me faisaient face, accompagnés de la plupart des voisins, venus assister à la chasse à l'homme.

Avec Damon, nous aurions pu, non sans peine, nous charger d'eux. Mon frère, d'ailleurs, semblait tout à fait disposé au combat.

Je m'y opposai d'un mouvement de tête, ajoutant, dans un murmure :

— Nous allons attirer bien plus l'attention si nous résistons à une arrestation maintenant.

En vérité, il serait bien plus aisé de s'échapper sans une foule de témoins, bouche bée, devant nous. Mon frère le savait aussi bien que moi.

Damon laissa échapper un énorme soupir avant de s'extraire de la trappe à charbon dans un élégant saut.

Un officier s'avança à grandes enjambées, mais attendit tout de même que ses hommes s'emparent de nous, nous tordant les bras dans le dos et nous malmenant juste assez pour nous signifier qui commandait.

— Vous êtes tous les deux en état d'arrestation pour vol, meurtre et tout autre motif qui me permettra de vous faire pendre en public dans Washington Square pour venger la mort des Sutherland, promit le policier entre des mâchoires carrées, parfaites.

On nous traîna hors de la maison, usant d'une violence gratuite. Poussés et roués de coups de pied, nous fûmes forcés d'entrer dans un fourgon de police et on nous referma brutalement la porte au nez.

— C'était une gentille famille, siffla le chef de la police au visage de Damon, à travers les barreaux.

Mon frère nia de la tête et ajouta à mon intention, en chuchotant :

— J'ai connu mieux.

Par l'arrière du wagon, je contemplai la maison que j'avais baptisée mienne au cours de la semaine passée. Margaret se tenait debout dans l'encadrement de la porte, ses cheveux noirs contrastant avec les lumières éclatantes de l'habitation. Le visage ruisselant de larmes, elle prononça quelques mots, si bas que, en dépit de mon ouïe très fine, j'eus du mal à les distinguer :

— Le coupable va le payer.

20.

Le bâtiment de la Cour de justice et du centre de détention de New York était une structure massive qui surplombait la rue, telle une pierre tombale géante. À l'intérieur, le décor se fondait dans un camaïeu de gris avec des policiers à la mine grave et des criminels hagards.

Et nous.

Deux vampires empêtrés dans le système judiciaire humain pour des crimes qu'ils n'avaient pas commis. Que la situation soit tirée par les cheveux ne faisait aucun doute, mais cette réalité n'offrait aucun soulagement.

Un jeune officier nous escorta, Damon et moi, mains attachées dans le dos jusqu'au bureau du chef, situé au dernier étage d'un vieil escalier en bois. À l'intérieur, des portraits d'hommes recherchés s'alignaient aux murs ; dans un œil, on avait enfoncé un gros clou. Le chef de la police lui-même était âgé et grisonnant, sa longue barbe noire percée d'une cicatrice oblique et lisse sur sa peau découverte à cet endroit.

Il consulta un dossier et émit un long sifflement.

— Toute la famille Sutherland ? Ça va faire la une des journaux dès ce soir.

Je grimaçai face à tant d'insensibilité de la part d'un humain. À quel genre de monstres avait-il affaire pour que l'assassinat d'une famille entière ne se résume plus pour lui qu'à une question de gros titres ?

— Ce n'est pas nous, dis-je.

— Bien sûr que non, répondit l'homme sur un ton bourru en grattant sa cicatrice. Ici, il n'y a pas de coupables. Rien que des innocents. Seulement, les tribunaux trancheront et tout le monde écopera de la peine qu'il mérite.

On nous jeta dans une cellule de détention dont la surface était plus grande que toute la prison de Mystic Falls qui, en lieu et place de bureau du shérif, ne pouvait accueillir qu'une personne à la fois : neuf fois sur dix, Jeremiah Black, finissant de cuver après une énième nuit trop arrosée à la taverne. Jamais je n'aurais cru voir l'intérieur d'une cellule un jour.

— *Ce n'est pas nous*, répéta mon frère d'une voix plaintive, aussitôt le garde parti. Tu n'as pas trouvé mieux pour nous couvrir de ridicule ?

— Quoi ? Tu as peur que nous passions pour des mauviettes ? Tu aurais préféré que je lui montre mes crocs ?

Un gloussement rauque s'éleva dans un coin de la cellule où un autre prisonnier était vautré par terre. Sa frange dessinait un V et il avait le tour de bras d'un docker.

— Jolis vêtements, commenta-t-il dans un grognement malveillant en découvrant nos costumes de cérémonie et nos joues rasées de près. Qu'est-ce qui vous amène ici, les richards ?

— Meurtre. Toute une famille, raconta Damon sans détour. Vous ?

— Le passage à tabac de types comme vous autres, répondit-il avec la même diligence en faisant craquer ses jointures.

Il se risqua à frapper Damon mais mon frère, d'une main levée en un éclair, intercepta le coup à temps et repoussa le détenu qui heurta le mur avec un « crac ».

Au lieu de s'affaisser, la brute se recroquevilla sur elle-même, inconsciente, dans une mare d'urine autour de ses pieds. Aucun garde n'accourut et j'en déduisis que les bagarres devaient être monnaie courante ici.

Damon fit le tour de l'homme en soupirant puis, de fatigue, il se laissa tomber au sol. Alors, il parut tout à coup si humain qu'il me rappela mon frère tel que je le connaissais.

— Pourquoi faut-il toujours que nous nous retrouvions derrière les barreaux, toi et moi ?

— Au moins, cette fois, tu ne meurs pas de faim, répliquai-je sur un ton sec.

— Ça, c'est certain.

Il jaugea un à un les officiers, de l'autre côté des barreaux. Ensuite, il appuya son front contre le mur et huma avec une mine de dégoût la peinture qui s'écaillait.

— Et j'ai l'impression qu'il y a un ou deux rats pour toi, dans le coin.

Lâchant un soupir, je m'écroulai près de lui, contre le mur. J'avais du mal à suivre ce nouveau Damon. Ses sautes d'humeur me déstabilisaient, m'inquiétaient même. Un instant, il était le vampire sans cœur qui tuait sans complexe, celui d'après, il redevenait le complice auprès duquel j'avais grandi.

— Tu as un plan ?

— Là. Juste sous ton nez. (Il indiqua le prisonnier.) Garde ! Un homme à terre ici.

Lorsque l'intéressé s'avança et qu'il découvrit le corps par terre, il parut agacé mais nullement surpris. Il ne s'approcha pas trop près ; un réflexe qui lui avait sans nul doute sauvé la vie jusqu'à aujourd'hui. Pourtant, il était à une distance suffisante pour que le pouvoir de Damon, dont les pupilles s'étaient enflammées, agisse.

— Oubliez que nous sommes venus ici. Oubliez ce à quoi nous ressemblons. Oubliez qui nous a arrêtés, nos noms et tout ce qui nous concerne.

— Qui ça, « nous » ? releva le garde, hypnotisé mais lent à assimiler.

— L'homme qui m'accompagne et moi-même, rétorqua mon frère en me montrant du doigt.

Le policier approuva.

— Effacez de votre mémoire tout, à propos de nous, et après... faites venir l'autre garde, entendu ?

L'homme retourna à son poste d'un pas d'abord mal assuré puis il pencha la tête de côté comme s'il s'était subitement souvenu d'un détail. Il alla voir l'un des gardes de service et indiqua notre cellule d'un geste de la main. Mais au lieu de pointer Damon, il sembla désigner quelque chose au-delà ; on aurait dit que ce dernier n'existait plus dans sa réalité à lui.

— Et un de moins, marmonna mon frère.

Il avait l'air tendu. À nouveau, je m'interrogeai sur le nombre de personnes qu'il pouvait contrôler à la fois.

L'autre garde approcha en faisant claquer sa matraque dans sa paume. Une balafre, en travers de son visage, lui fermait un œil. Avant que Damon ait le temps d'agir sur lui, l'homme nous annonça la dernière chose que nous nous attendions à apprendre :

— Votre avocat est ici.

Je regardai mon frère qui me renvoya mon regard de surprise. Il leva un sourcil interrogateur que j'interprétais comme : « C'est toi qui es derrière tout ça ? »

En silence, je lui signifiai que non. Damon raidit les épaules au moment où un bruit métallique retentit et la porte coulissante s'ouvrit. Une odeur d'œuf pourri et de mort emplit la pièce alors que l'inconnu – notre soi-disant avocat – entrait.

Il était immense, plus costaud que le détenu auquel Damon avait réglé son compte. Ses bras n'en finissaient pas et son tour de poitrine était démesuré. Ses mains aussi étaient énormes, avec des doigts boudinés qui serraient un porte-documents en cuir.

Il pénétra dans la cellule à pas feutrés comme s'il apportait une nouvelle trop lourde à entendre pour les intéressés, pareil à une panthère dans un cirque, tournant dans sa minuscule cage.

Il était vêtu d'habits confortables, en lin de qualité et soie, qui permettaient à son corps massif de se mouvoir avec aisance.

Quant à ses yeux...

Enfoncés et bleus, ils ne présentaient pas la teinte claire de ceux de mon frère, mais étaient mouchetés de blanc, presque laiteux. Comparativement au reste de son corps, ils semblaient vieux, très vieux, et s'ils bougeaient rapidement dans leurs orbites, c'était avec approximation. Ils rappelaient ceux d'un oiseau ou d'un lézard, lents mais dotés d'une remarquable intelligence.

Nous n'avions pas affaire à un humain, c'était évident.

Il ne donnait pas non plus l'impression d'être un vampire. Pas exactement. Pourtant, quelque chose, sous la surface, ne demandait qu'à exploser chez lui. Le pouvoir qui en émanait dépassait tout ce que j'avais rencontré jusque-là. Et on avait beau nous l'avoir présenté comme notre avocat, mon instinct me disait qu'il n'était pas venu pour nous aider.

Il nous examina, nous, puis la cellule, et esquissa un léger sourire.

— Vous pouvez disposer, ordonna-t-il au garde, dans son dos.

Il n'eut pas besoin de hausser le ton ; sa voix, toutefois, porta naturellement jusqu'au bout du couloir des cellules. Et les policiers partirent. Sans perdre une seconde, avec une expression qui ressemblait à du soulagement.

Nous restâmes seuls face à cette masse.

— Bonsoir, messieurs, nous salua-t-il avec un rictus qui me souleva le cœur.

— Qui êtes-vous ? demanda Damon d'une voix censée feindre l'ennui mais où filtrait en vérité la peur.

— Qui suis-je ? reformula l'homme avec un accent très prononcé. À quoi sert-il de connaître les noms de ses bourreaux ? Ça n'a pas eu l'air de réconforter vos épouses.

Les mots tombèrent comme le couperet d'une guillotine. L'inconnu s'accouda à un barreau avec décontraction.

— Vous avez tué les Sutherland, murmurai-je.

— Oui. (Il sourit puis pinça les lèvres.) Et j'y ai pris beaucoup de plaisir, je dois dire.

— Vous les avez déchiquetés comme des poupées de chiffon, ajoutai-je, sachant pertinemment qu'il pouvait en faire autant avec moi et disperser mes membres comme les pétales de fleur à mon mariage. Vous les avez... massacrés.

— Jeune vampire, il ne faut pas sous-estimer la faim d'une bête. (Sa bouche était fendue dans une grimace qui n'avait rien d'amusée.) Il existe certaines faims qui, une fois qu'elles sont réveillées, ne peuvent être ignorées avant d'être satisfaites.

Autour des iris de la brute, le blanc se changea en rouge. Le silence s'était installé dans la pièce - signe qu'une grande source de pouvoir était mobilisée.

Pour un peu, j'aurais pu voir physiquement la peur émaner de mon frère.

Mais la colère montait peu à peu en moi.

La rage bouillonnait, ne demandant qu'à sortir, à l'instar de la lave d'un volcan en éruption. Cet homme avait abattu froidement une famille d'innocents et en avait éprouvé une grande satisfaction. Il en allait ainsi de mon triste sort depuis que j'étais devenu un vampire : sous les couches d'horreur, je trouvais plus de noirceur encore, bien que pensant avoir déjà touché le fond.

— Pourquoi ? demandai-je, m'approchant aussi près que les barreaux le permettaient. Que vous avaient-ils fait ?

— Pourquoi ? répéta l'assassin.

Il se pencha en avant, tournant ma bravade en dérision. Alors qu'il n'était plus qu'à quelques centimètres de moi, je sentis des relents de sang caillé et de corps en putréfaction. On aurait dit qu'il transportait avec lui, tels des trophées, les fantômes des milliards de corps démembrés, vidés de leurs entrailles par ses soins depuis des siècles.

— Pour la récompense.

Il prononça distinctement chaque syllabe.

— La récompense ?

Il découvrit ses dents.

— Oui, la récompense. Pour avoir volé Katherine et anéanti tout espoir de rompre la malédiction.

Katherine ? Que venait-elle faire ici ? Quel rapport avait-elle avec cet acte abominable ? Avec les Sutherland ? Et quelle était cette malédiction ?

Je me tournai vers Damon. Elle avait toujours partagé plus de détails avec lui sur sa vie de vampire. Mais mon frère, les yeux écarquillés d'horreur, la bouche béante, semblait plus choqué que moi encore qu'on prononce son nom.

Je repensais aux semaines de bonheur et d'insouciance que j'avais passées en tant qu'esclave et amant, au service de Katherine, ne me doutant pas un seul instant qu'elle m'enverrait droit en Enfer.

L'homme recula de quelques pas afin d'avoir Damon dans son champ de vision. Il le foudroya du regard lui aussi.

— Tout à fait. Vous comprenez maintenant, conclut-il en hochant la tête.

Mais nous ne comprenions toujours rien à ce qu'il disait.

— Je... commença Damon.

— Silence ! hurla l'autre. (Il se rua contre les barreaux, son ongle noirci n'étant plus qu'à quelques centimètres de la gorge de mon frère.) Je vous défends de nier.

Avec une concentration à faire froid dans le dos, il tordit un barreau sans plus de difficulté que s'il avait écarté un rideau. Le métal crissa. En moins de temps qu'il ne faut pour le dire, il s'était introduit dans la cellule et nous tenait à présent chacun par le cou, ses énormes mains enserrant nos gorges.

— Vous avez pris Katherine, je vous ai pris votre nouvelle vie. Œil pour œil, dent pour dent, comme on dit chez vous, n'est-ce pas ?

— Je... je ne sais pas de quoi vous parlez, dis-je d'une voix étranglée.

Le monstre se mit à rigoler.

— Bien sûr que non. (Il ramena violemment la tête vers l'avant pour plonger ses yeux dans les miens avec un air de profond mépris.) Allons, allons, Katherine n'a jamais mentionné Klaus ?

Même par-delà la mort, Katherine revenait nous hanter. Je considérai un moment Damon, les traits marqués par la douleur et l'horreur que Katherine, l'amour de sa vie, ait pu avoir affaire de près ou de loin à une créature aussi cruelle que celle qui se tenait devant nous. J'eus de la peine pour lui.

Tout à coup, une dizaine d'images de Katherine défilèrent devant mes yeux. Son regard d'ambre qui forçait l'attention. Sa longue chevelure noire qui ondulait sur ses épaules comme si elle venait de les décoiffer dans un jeu sensuel. Sa taille de guêpe. Son sourire malicieux. On ne résistait pas à Katherine. Et Damon et moi n'étions pas les seuls à avoir succombé.

L'homme resserra l'étau autour de nos cous. Une de mes vertèbres grinça, prête à céder. Dans quelques instants, nous serions à terre, mon frère et moi, la nuque brisée avec la même facilité que celle dont avait fait preuve Damon pour tuer l'autre prisonnier.

Mais soudain, je sentis l'étau se desserrer. Damon tomba au sol à mes côtés, lui aussi libéré.

À la porte de la cellule, le monstre grimaçait méchamment.

— À bientôt, Messieurs, promit-il.

Enfin, d'un doigt, il replaça délicatement le barreau pour refermer notre prison.

— Et n'oubliez pas : je vois tout.

21.

Après son départ, Damon et moi restâmes dans notre cellule pendant plusieurs minutes, trop abasourdis pour même songer à nous évader.

Furieux, je jurai et flanquai un grand coup dans les barreaux. On aurait dit que, quoi que je décide de faire, quelle que soit la direction que je prenais, c'était la mauvaise, et les choses empiraient. Quant aux Sutherland dans tout cela, ils avaient eu le malheur de croiser ma route, à leurs risques et périls... Damon avait beau ne pas être directement coupable de leur mort, il n'en était pas moins responsable. Je me tournai vers lui, prêt à le réduire en miettes.

Mais là, je vis l'expression sur son visage.

Le regard perdu dans le vide, il s'adossa au mur. Il avait affiché le même air hébété des semaines durant après sa transformation en vampire et l'annonce de la mort de Katherine.

— C'était quoi, ça ? demanda-t-il à mi-voix après avoir enfin levé les yeux sur moi.

Seulement, je n'avais pas de réponse à sa question. Tout ce que je savais, c'était que jamais je n'avais vu de créature aussi puissante et aussi dangereuse. Mortelle, même. Ma colère envers mon frère laissa soudain place à une intense fatigue.

— Je n'en suis pas certain, bien que je pense qu'il m'a laissé un message, dis-je en me souvenant des lettres de sang, près de chez les Sutherland. Mais qu'est-ce que c'était que cette histoire au sujet de Katherine ? Quel rapport pouvait-il bien avoir avec elle ?

Damon haussa les épaules.

— Aucune idée. Elle ne m'a jamais parlé de cette... chose.

— Il a dit qu'on lui avait pris Katherine. Qu'est-ce que ça peut vouloir dire ? Et quelle est cette malédiction qu'il a évoquée ? Emily aurait-elle jeté un sort à quelqu'un ?

Je parcourus la cellule en tous sens, le cerveau foisonnant de tous les scénarios envisageables.

— Je suppose qu'il sous-entend qu'on l'a tuée. Enfin, toi. Là-dessus, il n'a pas tort.

De dépit, Damon s'assit par terre et étendit les jambes, mains derrière la tête, contre une pierre. La conversation était visiblement terminée.

Je glissai le long des barreaux et j'enfouis mon visage dans mes mains pour repenser à Katherine. Avait-elle mentionné quoi que ce soit au sujet de son passé ? Quelque chose aurait-il pu lui échapper ? Un indice ? Le problème est que j'avais tellement été sous son influence qu'il était impossible de discerner la réalité des mensonges qu'elle m'avait forcé à croire. Par exemple, je me souvenais l'avoir mordue mais ne me rappelais pas qu'elle m'ait donné à boire son sang. Pourtant, elle avait dû le faire à maintes reprises car la quantité de ce liquide provenant d'elle dans mes veines avait suffi à garantir ma mutation après le coup de fusil de mon père. D'une certaine façon, Katherine avait fait de moi qui j'étais. Damon et moi étions en quelque sorte ses enfants.

Une idée me vint tout à coup à l'esprit.

— Katherine t'a-t-elle un jour parlé de l'homme qui l'avait faite ? Le vampire qui l'a transformée ?

Mon frère releva brusquement la tête, sorti de sa torpeur.

— Tu crois que... ?

Je fis signe que oui.

Damon se laissa retomber, frappant son crâne contre le mur. Il avait aimé Katherine d'un amour sincère. Personnellement, je m'interrogeai sur notre rencontre avec la créature qui avait converti Katherine et sur le fait qu'elle redonnait à notre amourette de Mystic Falls une tout autre valeur, bien relative : celle d'une goutte d'eau dans un océan d'éternité.

— On ferait bien d'appeler un garde pour le convaincre de nous libérer, déclara Damon d'une voix éteinte.

Avant de passer à l'action, nous fûmes interrompus par un bruit d'agitation dans le hall : des bruits sourds, comme des corps qui auraient heurté violemment le sol.

Ensuite, un cri. Si aigu – tant la douleur devait être forte – qu'il semblait impossible de l'attribuer à un homme ou une femme. S'ensuivit le vacarme d'un bureau qu'on racle par terre, puis ce qui ressemblait à une chaise en bois qu'on aurait fracassée contre un mur.

Je me mis debout. Damon m'imita.

Nous échangeâmes un regard. Le tic-tac de la montre de gousset dont Winfield m'avait fait cadeau résonnait fortement dans le silence de mort ambiant.

La porte s'ouvrit à nouveau et une fille entra, en pantalon pour homme et bretelles noires, avec une longue tresse blonde rejetée sur l'épaule.

— Lexi ! haletai-je.

— Je commence à en avoir assez de toujours devoir vous tirer d'affaire, les garçons, gronda-t-elle en agitant la clé sous notre nez. Je devrais vous laisser passer la nuit ici – ça vous donnerait une leçon.

Je passai la main à travers les barreaux pour lui prendre la sienne.

— Je n'ai jamais été aussi content de te voir.

— Je n'en doute pas, répondit-elle d'un air pince-sans-rire même si le rictus au coin de ses lèvres la trahissait.

Damon leva les yeux au plafond.

— Nous nous apprêtions justement à sortir par nos propres moyens.

— Ça non plus, je n'en doute pas. J'ai juste pensé que j'accélérerais un peu le processus.

Elle remua le nez et, à sa voix monotone, je devinai qu'elle n'approuvait pas totalement sa présence ici. La dernière fois que Lexi avait vu mon frère, il venait de tuer Callie et était sur le point d'en faire autant avec moi.

— Dites-moi, vous avez mis hors d'état de nuire tout le personnel du bâtiment ? voulut savoir Damon.

Il rajusta sa veste.

Lexi déverrouilla le dernier loquet de la porte. Aussitôt celle-ci ouverte, je m'élançai pour la serrer dans mes bras.

— Non, juste une partie d'entre eux. Les autres, je les ai maîtrisés mentalement. Nous sommes plusieurs à refuser la violence gratuite – ou les carnages qu'il faudra expliquer plus tard, dit-elle dans le creux de mon épaule.

Je relâchai mon étreinte et elle nous fit signe de sortir.

— Maintenant, disparaissons avant que des renforts ne rappliquent.

— Je couvre toujours mes arrières, raconta Damon pour sa défense alors que nous empruntions la porte du quartier de détention pour rejoindre les bureaux, sur l'avant.

Les policiers, assis à leurs postes de travail, absorbés dans des piles de rapports, ne prêtèrent pas la moindre attention aux deux prisonniers qui s'évadaient ni au désordre qui régnait par ailleurs. Certains bureaux avaient été écartés, dégagés d'un amas d'éclats provenant de ce qui avait autrefois été une chaise ; l'homme qui avait dû s'y asseoir auparavant était étendu au sol, une blessure au crâne qui saignait abondamment. Ses paupières, cependant, étaient ouvertes, et il murmurait un mot en boucle.

— Sacrément tenace, celui-là, déclara Lexi.

— Comment as-tu fait pour nous trouver ? lui demandai-je en la suivant dans l'escalier.

— Un mystérieux comte italien aux cheveux noirs, au regard azur, de glace et au goût prononcé pour le dramatique fait irruption sur la scène mondaine new-yorkaise et ravit le cœur d'un des meilleurs partis de la ville pour l'épouser ? Franchement ! Ils ont publié votre photo dans les pages mondaines.

Damon, au moins, eut la décence d'afficher une mine penaude.

— « Je couvre toujours mes arrières », se moqua-t-elle en le citant. Il existe de nombreux moyens de vivre riches, en vampires puissants... mais faire irruption sur la scène mondaine new-yorkaise n'en a jamais fait partie...

—... ni épouser la fille la plus en vue de la ville. Au temps pour moi, concéda Damon. Au moins, je l'ai fait avec classe.

L'instant où nous quittâmes la prison, l'air froid du soir m'enveloppa. Les premières étoiles scintillaient sur le rideau de ciel noir. Les lampes à gaz réchauffaient la rue de leur halo. C'était une belle soirée, d'un genre que Bridget, Lydia, Winfield et Mme Sutherland ne pourraient plus jamais apprécier. Tout cela par ma faute, celle de Damon et de Katherine.

Je n'étais venu à New York que pour une raison : la fuite. Échapper à Damon, aux souvenirs de Callie, au monde des vampires, à Mystic Falls, à Katherine... Toutefois, ces fantômes continuaient de me poursuivre telle une ombre maléfique. Je sus alors que jamais je ne pourrais échapper à mon destin. Pas complètement en tous les cas. Un passé aussi lourd que le mien ne s'efface pas : il traverse les siècles, inchangé.

Tout ce que j'espérais, c'était que Margaret était en sécurité, quelque part, loin de la bête sanguinaire qui avait si sauvagement massacré sa famille.

22.

Une fois à plusieurs centaines de mètres de distance des locaux de la police, nous nous arrêtâmes sous un grand érable dénudé.

— Eh bien, merci pour le coup de main... non pas que je n'aurais pu m'en sortir tout seul, pérora Damon. À présent, vous m'excuserez : j'ai bien besoin d'un petit remontant. Adieu, mes amis !

Après une courbette, il tourna les talons et s'enfonça dans la nuit.

— Bon débarras, maugréa Lexi.

— Et maintenant ?

— Tu l'as entendu ? Allons boire nous aussi, décida-t-elle avec un grand sourire en passant son bras sous le mien.

Malgré le réconfort conféré par cette marche aux côtés de Lexi, quelque chose sonnait faux : je ne pouvais pas continuer à vivre une existence insouciante sachant que presque tous les Sutherland s'étaient fait tuer, en partie par ma faute. Qu'allais-je raconter à Margaret ? Elle méritait de connaître une version réelle des faits même si en l'occurrence la justice ne pourrait être rendue. Les créatures comme celles qui avaient assassiné sa famille n'étaient jamais confrontées aux conséquences de leurs actes. Les vies humaines étaient bien plus courtes que celles des vampires ; pour autant, elles n'en avaient pas moins de valeur. Au contraire, elles n'en étaient que plus précieuses, selon moi.

— Alors, donne-moi les dernières nouvelles, pria-t-elle en chassant mes idées noires d'une pression sur mon bras. Que s'est-il passé depuis que tu as quitté notre honorable ville ?

— Je me suis marié aujourd'hui.

Elle me regarda, incrédule.

— Là, il faut vraiment que je boive quelque chose ! Stefan Salvatore, tu veux réellement ma mort, n'est-ce pas ? J'ai entendu parler d'un bon endroit qui vient d'ouvrir et où l'on sert de la vodka en provenance directe de Saint-Pétersbourg, dans une jolie petite bouteille gelée...

Elle continua à bavarder tout en me menant par les rues de ce que j'avais cru être ma ville ; seulement, en compagnie de Lexi, je découvrais New York sous un tout nouveau jour. Tandis que je m'en étais tenu aux chemins d'ombre et aux ruelles secondaires, Lexi connaissait sur le bout des doigts les rendez-vous incontournables de la vie nocturne. Bientôt, nous arrivâmes devant un club privé et chic. Une épaisse moquette rouge tapissait l'intégralité du sol ; ailleurs, une laque or, noire et rouge recouvrait tout, notamment une gigantesque sculpture de loriot pendue au plafond.

Un maître d'hôtel vint vers nous et, après un coup d'œil à Lexi, il nous accompagna jusqu'à la banquette la plus extravagante du club. Revêtue de velours, elle était assortie de coussins en drap d'or aux glands bien trop nombreux pour qu'ils soient totalement confortables. Des accords joués au piano s'échappaient d'une salle voisine. Je compris pourquoi Lexi avait choisi ce bar : à La Nouvelle-Orléans, elle demandait toujours à Hugo de lui jouer du piano.

L'image des corps meurtris, ensanglantés des Sutherland déferla subitement dans ma tête.

— Comment as-tu fait pour retrouver notre trace, honnêtement ? l'interrogeai-je pour changer de sujet.

Les nouvelles n'allaient pas si vite à moins qu'elles ne portent sur le sujet de la guerre. Et Lexi aurait de toute façon dû mettre une semaine, au bas mot, pour aller de La Nouvelle-Orléans à New York, que ce soit en train ou à la vitesse d'un vampire.

— J'ai mis un de mes amis sur la piste de Damon. Je me faisais du souci pour toi, admit-elle avec un air coupable. Je sais que tu es assez grand pour t'occuper de toi, Stefan, mais ton frère est dangereux et je ne voudrais pas qu'il t'arrive quelque chose.

Le serveur apporta nos boissons. Comme prévu, la bouteille était enveloppée d'une couche de glace bleutée avec des fleurs et des herbes à l'intérieur, aussi fraîches que le jour où elles avaient été congelées. Je ne résistai pas à l'envie de toucher du doigt un bouton de fleur près du goulot et sentir le givre contre ma peau. Si j'avais été humain, ma chaleur corporelle aurait fait fondre la mince pellicule de glace. Mais la chair des vampires était plus froide, figée dans un état de congélation et de perfection similaire.

Le serveur nous versa à chacun un verre sculpté dans de la malachite verte.

Je posai ma main sur celle de mon amie.

— Merci, Lexi. Pour tout ce que tu as fait pour moi. Je ne pourrai jamais te remercier assez.

— C'est juste, confirma-t-elle avec entrain. Mais tu peux commencer par tout me raconter. Marié ? Tu t'es marié ?

Je lui parlai donc de la nuit où j'avais découvert Bridget et de la façon dont j'avais été accueilli chez les Sutherland, sans oublier les plans déments de Damon. Elle hoqueta de surprise quand elle ne s'amusait pas du moindre détail. J'imaginais que d'un point de vue extérieur, en particulier de la part d'un vampire plus âgé, les machinations de Damon pouvaient paraître légères.

— Mon Dieu ! Est-ce possible ? (Elle eut du mal à arrêter de rigoler.) D'une pierre deux coups ? Toi et Damon, mariés le même jour ? Et la demoiselle d'honneur est toujours en vie ? (Elle fit signe au garçon de nous ramener une autre bouteille de vodka.) Qu'est-ce que j'aurais donné pour être là ? Stefan ! Je ne t'ai même pas acheté de cadeau...

Je souris à sa plaisanterie. J'aurais pu rester là, à l'écouter rire toute la soirée. Mais il fallait que je conclue mon récit.

— Tu es bien certain que ce n'était pas Damon ? insista-t-elle, d'une voix néanmoins posée, lorsque je lui racontai le massacre des Sutherland.

— Il y a beaucoup de choses que je n'arrive pas à cerner chez lui, admis-je. Il est devenu imprévisible. Par exemple, jamais je n'aurais cru qu'il me suivrait jusqu'aux confins de la Terre pour me gâcher la vie, même après le meurtre de Callie. En revanche, je suis intimement persuadé qu'il n'a rien à voir avec les assassinats : il était aussi ébahi que moi. En outre, Damon n'est pas du genre à cacher ses actes malveillants, au contraire. Margaret l'a cru quand il a dit qu'il n'était pas coupable et, apparemment, elle a un sixième sens pour ce qui est de discerner mensonges et vérités.

— New York n'est pas exactement située aux confins de la Terre, poursuivit-elle. Mais effectivement, c'est une étrange coïncidence qu'un monstre jette son dévolu sur la même famille que vous.

— Ce n'était nullement une coïncidence.

Lexi devint livide lorsque je lui rapportai les paroles de « l'avocat ». Une expression que je ne lui connaissais pas déforma ses traits : la peur.

— Décris-le-moi.

— Grand. Très grand. Cheveux blonds, yeux bleus. L'air d'avoir des siècles, dis je en faisant de mon mieux pour laisser paraître le poids de la menace que j'avais ressenti. Diabolique. Comme si les ténèbres émanaient directement de lui.

— Avait-il un... un accent ? hésita-t-elle à demander comme si elle connaissait déjà la réponse.

— Oui. J'ai pensé que cela avait rapport avec la créature qu'il était. Mais ça ressemblait à un accent russe ou polonais. Il a mentionné quelqu'un du nom de Klaus, ça te dit quelque chose ?

Lexi frappa d'un coup de poing le dessous de la table et regarda au loin.

— Qui était-ce, Lexi ?

J'avais un besoin pressant de savoir. Si cet homme était mon bourreau, s'il était coupable de la mort des Sutherland, au moins, je voulais connaître l'identité de mon ennemi.

— Il a prononcé le nom de Klaus ? (Elle semblait parler davantage à l'intention de son verre qu'à la mienne.) Tout le monde sait qui est Klaus. C'était l'un des premiers vampires.

Le silence parut s'emparer du bar et les lampes à gaz se mirent à vaciller. Je serrai mon verre de vodka.

— Il descend tout droit de l'Enfer. La moindre once de bonté, le moindre sens de la morale, tout ce qui nous préserve, toi, moi, même Damon, de basculer dans la cruauté et la folie pures : tout ça, lui est complètement étranger. Il est imperméable à toute qualité humaine. Il a des esclaves, âgés eux aussi, qui lui obéissent. Personne n'a jamais vu Klaus. Disons plutôt que personne l'ayant vu n'a survécu !

Agrippé à mon verre, je digérai ces horribles informations.

— Cette... chose... prétend que nous lui avons pris Katherine.

Lexi pâlit.

— Si elle comptait pour Klaus et qu'il pense que toi et ton frère êtes responsables de ce qui lui est arrivé, alors vous êtes dans de sales draps.

— Il a parlé d'une malédiction. Tu as une idée de ce à quoi il faisait référence ?

Lexi tambourina la table de ses doigts, son front strié par l'inquiétude.

— Une malédiction ? Nombreux sont les vampires qui considèrent qu'être forcé de ne sortir que la nuit est une malédiction, mais je ne vois pas ce que Katherine pourrait avoir à faire là-dedans.

— Tu crois qu'il l'a... que c'est lui qui l'a changée en vampire ?

— Peu importe. Ce qui compte, c'est qu'elle ait de l'importance pour lui. Préoccupe-toi plutôt de ton sort.

Frustré, je passai mes mains dans mes cheveux. Une fois de plus, Katherine avait trouvé un moyen de s'immiscer dans ma vie pour y créer des ravages. Si, d'un côté, j'éprouvais encore de la culpabilité à propos de ce qui lui était arrivé, de l'autre, je lui en voulais toujours d'avoir brisé ma famille et d'avoir fait de ma vie le chaos qu'elle était devenue.

Katherine n'avait pensé qu'à elle ; elle s'était jouée de Damon et moi, et tandis que mon frère était vraiment tombé amoureux d'elle, eh bien… j'avais nourri un certain appétit pour elle alors que, pour sa part, elle n'avait pas une fois envisagé les dangers que nous courions tous les deux. Que nous allions mourir, que notre relation, en tant que frères, en serait à jamais rompue, que la créature qui l'avait transformée puisse un jour être décidée à la venger à tout prix.

— Je dois m'en débarrasser.

Lexi secoua la tête.

— On ne se « débarrasse » pas d'une chose aussi vieille et puissante, mon jeune ami. Tu n'es qu'un bébé, comparé à lui. En outre, on ne peut pas dire que ton régime à base de rongeurs et de volatiles t'ait renforcé. Même en l'attaquant à deux, avec ton frère, vous ne parviendriez pas à le battre. Moi-même, je ne réussirais pas.

— Alors que puis-je faire ? l'interrogeai-je sur un ton résolu.

Jusqu'ici, je m'étais fait manipuler par Damon, avec son stupide projet de mariage… Il était grand temps que je reprenne le contrôle de ma vie.

Lexi se massa les tempes.

— Tout ce que tu peux espérer pour le moment, c'est d'arriver à deviner quels sont ses plans, puis de les déjouer. Pour vaincre ce spécimen-là avant qu'il ne dise à Klaus où tu es, il te faudra d'abord vivre assez longtemps.

Je marquai mon accord.

— Je dois retourner chez les Sutherland.

Lexi ouvrit la bouche ; je l'interrompis en levant une main.

— Je sais... mais il y a peut-être un indice, quelque chose qu'il aurait laissé.

Les mâchoires de mon alliée se crispèrent.

— Je t'accompagne. Mes sens sont mieux affûtés que les tiens.

— Inutile d'avoir un odorat au-dessus de la moyenne pour reconnaître l'odeur de l'Enfer, mais j'apprécie que tu veuilles m'aider.

23.

Nous hélâmes une calèche qui se dirigeait au nord, Lexi ayant insisté pour que j'économise mes forces en vue de ce qui se profilait à mon horizon. Au moment de sortir, elle ne se soucia pas un instant de payer le cocher. Pour les gens dotés d'un pouvoir tel que celui de mon amie, la vie était aussi simple que cela. Lexi n'avait pas besoin de plans élaborés, voire trop compliqués, pour amasser des fortunes. Elle pouvait contraindre tout le monde à agir selon ses désirs.

J'avoue que c'était tentant. En particulier parce qu'il n'y avait pas de place pour la violence dans son existence. Personne ne souffrait de ses actes, si ce n'est financièrement.

Lexi dut lire dans mes pensées car elle sourit soudain de toutes ses dents et fit remuer ses sourcils.

— Tu devrais rester avec moi. Notre vie ne doit pas nécessairement être une malédiction ; elle peut être douce.

Je refusai d'un signe de tête.

— Merci, mais, comme tu le répètes toi-même, je dois poursuivre mon chemin.

Lorsque nous parvînmes chez les Sutherland, l'heure était déjà bien avancée et les fenêtres, obturées par des voilages de crêpe noir. Dans l'étrange lumière du petit jour, les gouttes de rosée ressortaient, tels des cristaux, sur le fond d'étoffe mate. Un cordon de police entourait la maison.

Je forçai délicatement la serrure. Lexi et moi pénétrâmes sans faire de bruit ; dans le salon, cependant, elle laissa échapper un petit cri.

Les policiers avaient retiré les corps mais omis de nettoyer. L'incroyable quantité de sang échappée des cadavres éventrés avait transpercé les tapis pour tacher le marbre, en dessous. Des éclaboussures de sang séché couvraient les murs, assorties à la teinte du tissu en crêpe.

— Mon Dieu... Il les a massacrés, constata Lexi dans un souffle.

Je me laissai tomber sur une chaise, submergé par un sentiment de culpabilité atroce. Le moment où j'avais découvert la pauvre famille ici, leurs corps encore tièdes mais rongés rapidement par un froid mortel, ne remontait pas à longtemps. Je me repassai le film des erreurs que j'avais commises et qui avait conduit, de fil en aiguille, à cette issue inexorable et tragique.

Si je ne m'étais pas enfui de la réception...

Si j'avais commencé par refuser de jouer le jeu machiavélique de mon frère...

Si je n'avais pas secouru Bridget...

Si je n'avais pas fui à New York...

Si je n'avais pas forcé Damon à boire du sang pour achever sa transformation...

— Tout ceci est ma faute, me lamentai-je.

Je pris ma tête entre mes mains. Tous ces morts que je semais, malgré moi, dans mon sillon, me poursuivaient telle une malédiction.

— Non, c'est la faute de Damon, corrigea Lexi. Et de Klaus.

— Je n'aurais jamais dû mettre les pieds ici. J'aurais dû rester aussi loin que possible des humains.

— Hé. (Lexi s'approcha, puis s'agenouilla, son visage vers le mien, une main sur mon menton pour me forcer à lui rendre son regard.) Ce n'est pas toi qui as fait ça. C'était l'ordre de Klaus. Et tu n'avais pas l'intention d'épouser un membre de cette famille : cette idée est venue de Damon. Tu me l'as dit toi-même : il a menacé d'assassiner tous ces gens l'un après l'autre si tu ne lui obéissais pas. Personnellement, je l'aurais tué à ce moment-là, mais ce n'est pas mon frère.

— J'ai commis tellement d'erreurs.

Elle se mordit la lèvre inférieure.

— Tu as fait de graves erreurs dans le passé, c'est vrai. Mais tu en es conscient et tu essaies, au mieux, de les réparer ou, au moins, de les éviter à l'avenir. C'est pour cette raison que je suis ici, Stefan. Pour te sauver. Tu le mérites.

Un sentiment de peine me noua la gorge.

— Lexi, s'il te plaît...

— Je lis dans ton cœur comme dans un livre ouvert, Stefan, dit-elle doucement. Ce n'est pas dans mes habitudes de faire irruption, comme ça, pour secourir n'importe quel vampire. Tu es différent ; et peut-être qu'un jour, tu t'en apercevras. Alors, une partie du mauvais sort qui plane sur toi disparaîtra.

Elle se pencha pour déposer un baiser sur ma joue. Je sentis ses cils caresser ma peau alors qu'elle fermait les yeux pour m'embrasser.

— Allez, viens. (Elle recula pour me donner une tapette sur le menton.) Le devoir nous appelle. Je me charge d'inspecter le rez-de-chaussée et toi, va rassembler les affaires que la police ne t'a pas confisquées. Je suis d'avis que tu quittes cette ville sans tarder.

En une fraction de seconde, Lexi, lumineuse, chaleureuse, était passée au royaume des ombres les plus profondes, là où ses yeux s'injectaient de sang, ses veines, noires, marquaient son visage blanc, ses crocs s'allongeaient. Elle avait revêtu son costume de prédateur pour partir à la chasse du moindre indice. Même si elle n'était qu'une version de moi plus âgée, la voir dans cet état me fit frissonner. Tapi sous son enveloppe charnelle, le monstre, en elle, déjà se réveillait.

Le cœur gros, je gravis à pas lourds le vaste escalier en bois verni. Inutile de redoubler de discrétion : les quelques domestiques encore présents logeaient dans leurs quartiers, au sein d'une aile reculée du bâtiment, loin de la mort et du chaos. Je discernais leurs voix fortes tandis qu'ils discutaient de leurs projets d'avenir, au service d'autres familles – autant de tentatives désespérées de repousser l'horreur dans laquelle leurs employeurs avaient basculé si soudainement.

Je me demandai ce que Margaret pouvait bien faire et me promis de l'informer à propos de Klaus et de sa vendetta. Elle devait s'être retirée dans son propre foyer, aux côtés de son mari, pour pleurer sa famille perdue. Qu'y avait-il de plus dur ? Mourir ou vivre dans le souvenir de proches décédés ? En tant que vampire, je ne connaîtrais jamais le premier scénario : j'étais condamné à n'expérimenter que le second.

J'arrivai dans ma chambre, où, une nuit plus tôt seulement, Bridget s'était jetée sur moi. Je décelais des restes du parfum à la violette dont elle s'était aspergée. L'odeur était imprégnée sur mon oreiller et sur les draps. Tellement plus enfantine que le parfum de Katherine, subtil mélange raffiné et irrésistible d'agrumes et d'épices...

Je sortis une mallette – un autre cadeau de Winfield, en prévision de notre voyage de noces – et rangeai les quelques effets que je considérai comme étant personnels à l'intérieur. Mes vieux vêtements, quelques pièces de monnaie, mon journal. Je l'ouvris à une ancienne page dans laquelle je parlais de Katherine.

Le 8 septembre 1864

Elle n'est pas qui elle a l'air d'être. Devrais-je en être surpris ? Terrifié ? Blessé ? C'est comme si tout ce que je pensais savoir, tout ce qu'on m'a appris, tout ce en quoi j'ai cru au cours des dix-sept dernières années était faux.

Je peux encore sentir ses baisers sur ma peau, ses mains dans les miennes. Je continue à me languir d'elle et pourtant, dans ma tête, la voix de la raison me crie : « Tu ne peux pas tomber amoureux d'un vampire ! »

Si j'avais une de ses pâquerettes, je pourrais en arracher les pétales un à un et laisser la fleur choisir à ma place. Je l'aime... un peu... beaucoup... pas du tout...

Je l'aime.

Je suis amoureux d'elle. Peu importe les conséquences.

Est-ce que c'est ça, suivre son cœur ? Si seulement il existait une carte ou une boussole pour m'aider à trouver la voie. Mais je lui ai donné mon cœur et ceci, plus que tout, est mon étoile Polaire... Ça devra suffire.

Je refermai brusquement le carnet, grimaçant face à tant de stupidité. Le présent, le réel était en bas ; il ne servait à rien de s'appesantir sur le passé. Ma valise terminée, je partis rejoindre Lexi.

Mais au lieu de mon amie, c'est le vide et une affreuse odeur familière que je découvris.

Celle de la mort, des corps en décomposition.

Une brise siffla en s'engouffrant par un trou dans le bois. La porte de derrière était grande ouverte. Je ne pus m'empêcher de frissonner. Le silence, l'absence de Lexi – tout cela ne présageait rien de bon.

Un bout de papier, de la taille d'un billet, voleta au sol. Je le ramassai, parcouru de sueurs froides.

« Paiement numéro deux. Lucius. » C'est tout ce qu'il disait.

24.

Le 13 novembre 1864

Je suis maudit. L'évidence me saute aux yeux à présent. Cela va peut-être de pair avec la condition de vampire : la tragédie et le mal sont concomitants de la soif et des crocs. Se nourrir de sang humain est une chose, mais il y en a d'autres : la solitude qui ne finit jamais, devoir se soustraire à la vie réelle et aux relations sincères avec autrui. La mort me séparera toujours de ceux que j'aime.

Des noms défilent dans ma tête, dont la liste s'allonge jour après jour. Rosalyn fut la première à mourir par ma faute. Katherine, ne pouvant supporter de me voir fiancé à elle, l'a assassinée. Même la trace du sang de Katherine est sur mes mains bien qu'elle ait fait irruption dans ma vie et dans celle de mon frère pour les chambouler. Son décès est une conséquence directe de mes actes : je n'aurais jamais dû essayer de faire entendre raison à mon père, de lui imposer un point de vue autre que le sien. Dès qu'il m'a parlé de cette chasse aux vampires, j'aurais dû faire tout ce qui était en mon pouvoir pour éloigner Katherine de la ville.

Pearl. Elle aussi aurait pu s'échapper. J'ignore quel était son parcours précis, mais elle semblait bien plus paisible que Katherine.

Alice, la serveuse de la taverne.

Tous les humains dont j'ai bu le sang à La Nouvelle-Orléans. Ils sont trop nombreux pour les citer de façon exhaustive, à supposer que je me sois donné la peine d'apprendre leurs noms. Autant de malchanceux qui avaient croisé ma route au mauvais moment – quand j'avais faim ou besoin de quelque chose.

Callie. Morte parce que j'avais été assez stupide pour penser qu'elle serait récompensée d'être venue en aide à deux vampires.

Les Sutherland.

Bridget, Lydia, Mme Sutherland et Winfield. Une famille sans histoires ayant eu le malheur d'attirer l'attention d'un vampire vindicatif et fou.

Et maintenant Lexi. Elle aurait mieux fait de rester à La Nouvelle-Orléans dans sa pension, en sécurité, au sein de son monde à elle où elle pouvait poursuivre sa quête du « bien » selon sa définition personnelle.

Elle sera la prochaine sur cette liste funeste, à moins que je ne trouve le moyen de la sauver.

J'ai passé trop de temps à New York à me lamenter sur mon sort et à broyer du noir.

En restant sans rien faire si ce n'est me plaindre, j'encourage le mal à se perpétuer. Le temps est venu de passer à l'action, de rendre justice. Je dois canaliser ma solitude et mon désespoir pour les mettre au service de ma rage. Je ne peux plus continuer à me comporter en lâche comme je l'ai toujours fait, que ce soit dans ma vie actuelle ou dans l'ancienne, lorsque j'ai laissé mon père me forcer la main pour que je me marie ou que j'ai permis à Damon de me torturer, de tuer les gens que j'aimais.

Plus jamais je ne laisserai autrui m'imposer sa volonté. À compter d'aujourd'hui, je vais me battre.

Et je délivrerai Lexi, même si c'est la dernière chose que j'accomplis.

Je chiffonnai le morceau de papier et émis un terrible rugissement. Comment avait-il réussi à l'enlever ? En dépit de mon ouïe extra-fine, je n'avais rien entendu, exception faite des domestiques, d'une famille de souris et d'une poignée de rats dans les murs. Lucius le vampire était parvenu à entrer sans bruit pour emporter – ou neutraliser – Lexi avant même qu'elle ait le temps de pousser un cri. La vitesse et la puissance de cette bête restaient des mystères pour moi.

Mais en dépit de son ancienneté en tant que vampire, du fait qu'il soit prétendument un « descendant direct de Satan », une abomination monstrueuse, il avait, par l'intermédiaire de ce modeste bout de papier, révélé une faiblesse humaine : son besoin d'exulter. À sa place, Damon aurait laissé le corps de Lexi sans vie, au bas de l'escalier, mais cette créature voulait que je sache que tous les gens qui m'étaient proches étaient en danger ; elle voulait me faire peur avant de me tuer.

À présent, je n'avais plus qu'une chose à l'esprit. Si Lexi était toujours en vie, il en allait de mon devoir de la retrouver pour la sauver. Si elle ne l'était plus... alors j'avais le droit d'éliminer, avec un plaisir non dissimulé, le serviteur de Klaus. Cela, je me le jurai.

Qu'avait-il dit dans la prison ? *Œil pour œil...* Il nous avait arraché des êtres auxquels nous nous étions liés,

Damon et moi, nos épouses, leur famille, pour se venger que nous lui ayons ravi Katherine. Seulement, les Sutherland étaient humains et donc sans grande importance à ses yeux, ainsi que faciles à éliminer. Sa bien-aimée Katherine avait péri dans une église en feu.

Et si...

L'idée germa dans mon cerveau.

Et s'il envisageait de tuer Lexi de la même manière ?

Tout à coup, j'eus le sentiment qu'il me restait encore une chance. Maintenant, il fallait trouver la bonne église. Il devait y en avoir des centaines dans cette ville.

Je me précipitai hors de la maison. La puanteur de corps en putréfaction saturait l'air, comme si Lucius avait voulu laisser une piste qui me permette de remonter jusqu'à lui. Je la suivis en direction du sud, avec l'impression de gagner en force à chaque pas, à mesure que je me rapprochais de l'endroit où Lexi pouvait être. J'avais essayé de rester à distance des humains mais cela n'avait pas fonctionné. J'avais tenté de vivre parmi eux et les résultats avaient été désastreux. Une solution intermédiaire, voilà ce que je n'avais jamais expérimenté. Je ne pouvais renouer avec mon humanité mais cela ne signifiait pas pour autant que j'étais incapable d'aider les hommes ainsi que je l'avais fait avec Bridget, cette fameuse nuit, dans le parc. Je ne vivrais plus parmi les humains, mais rien ne m'empêchait de nouer avec eux des relations amicales, à l'instar de celle que j'avais eue avec Mme Sutherland. Ces liens me rattacheraient à ce monde et garantiraient mon intégrité.

Je passai devant une maison en briques et saisis un pigeon en vol que je saignai pour recouvrer un peu d'énergie. L'odeur nauséabonde s'amplifiait. Je repérai une église catholique irlandaise à deux rues de là. Je savais que certaines personnes s'étaient inquiétées que ce type d'église ne prenne feu, comme cela avait été le cas pendant la révolte religieuse en Pennsylvanie. L'endroit, cependant, était calme ; quelques femmes âgées y priaient, agenouillées aux premiers rangs. Détail étrange, la puanteur qui régnait à l'extérieur avait mystérieusement disparu. Seuls les bougies et l'encens qui brûlait sur l'autel étaient discernables.

Je me glissai sur un banc, à l'arrière, et considérai l'oculus en vitrail. La scène représentait la Vierge Marie en deuil dans des teintes de lapis-lazuli sur fond de soleil levant, rouge grenat. Je fermai les paupières et plongeai dans une intense réflexion. Pourquoi Lucius avait-il fait en sorte que je perde sa trace ? M'étais-je trompé en imaginant qu'il voulait m'appâter afin que j'arrive à la bonne église au moment même où il s'apprêtait à craquer l'allumette qui mettrait le feu aux poudres ? Quelle église choisirait-il ? Et pour quelle raison ?

J'eus soudain une illumination. Le vampire avait prouvé son zèle en trouvant l'adresse de ma belle-famille pour remonter jusqu'à moi. Il n'allait sûrement pas choisir une église au hasard pour la faire brûler. Non, il irait dans la chapelle même où je m'étais marié !

Mon instinct me dit que j'avais forcément raison. Mais il me disait aussi que l'affronter seul serait trop risqué. Et la seule personne en mesure de m'aider…

C'était Damon.

Damon, qui m'avait pris au piège de ce mariage grotesque ayant condamné presque tous les Sutherland. Damon, le meurtrier de Callie. Damon, qui avait juré de faire de ma vie un Enfer pour l'éternité. Au final, toutefois, j'avais besoin de lui. Je l'avais vu user de ses pouvoirs avec une maîtrise et une force que je ne pouvais égaler. Et j'avais besoin de m'entourer d'autant de pouvoir que possible si je voulais être en mesure de combattre un vampire plus vieux que moi. Lexi nous avait délivrés de prison et je ne pouvais pas croire que mon frère, aussi désenchanté et sombre soit-il, ne lui en saurait gré.

Le seul problème, c'était de le trouver.

« À présent, vous m'excuserez : j'ai bien besoin d'un petit remontant » avaient été ses dernières paroles avant de partir. Pour la plupart des vampires, cela ne pouvait signifier qu'une chose. Mais dans le cas de mon frère, cela pouvait aussi bien vouloir dire s'enivrer en vidant une bouteille entière que sucer le sang d'une personne voire deux. Mais où ?

Pendant l'intervalle qui s'était écoulé entre son arrivée à New York et le soir où il m'avait « trouvé » au bal donné par les Chester, mon frère avait, aux dires de Lexi, écumé les meilleures adresses mondaines de la ville sous la fausse identité d'un comte italien. Ainsi, il avait dû se faire connaître – ou se faire accepter par la contrainte mentale – dans un grand nombre de clubs privés et de restaurants. Je me creusai les méninges pour tenter de me remémorer le bavardage incessant de Bridget qui m'avait tant fatigué lorsqu'elle parlait de qui avait été vu avec qui et où, des adresses en vue du moment, ainsi que d'un bar où ils servaient de véritables *Pimm's cups* à l'anglaise. À défaut d'une meilleure idée, je me rendis là-bas en premier.

L'endroit était charmant bien que situé dans un quartier mal fréquenté, près du port, au sud de l'île. Des marins un peu louches, à la mine défraîchie, passaient d'un poteau de réverbère à un autre en groupe de deux ou trois pour discuter au calme des pires aspects de l'import-export, rire à gorge déployée ou chanter de vieilles chansons à boire. Au milieu des algues pourries, toutefois, des calèches richement décorées étaient garées, leurs cochers en fastueuse livrée attendant les hommes de la haute société séduits par les huîtres, les *Pimm's cups* et l'aspect mal famé du quartier.

À l'intérieur, je reconnus un nombre conséquent de jeunes gens aperçus au bal des Chester ainsi qu'invités à mon mariage. Même Bram était là mais restait dans son coin, l'air malade. Le teint blême et les yeux creux, il portait des rubans noirs autour de ses manches en signe de deuil. Son verre encore plein, il regardait d'un air absent le fleuve, par la fenêtre.

Je veillai à rester de dos, redoutant qu'il ne me traite de meurtrier devant tout le monde dès qu'il me verrait.

J'appelai l'hôtesse d'un geste de la main.

— D... Je veux dire, le comte DeSangue est-il passé au bar, ce soir ?

La fille me jaugea des pieds à la tête, ses joues s'empourprant d'excitation.

— Étant donné qu'il est suspecté de meurtre, que ce bar est son préféré et qu'il m'adore, qu'est-ce qui vous fait croire que je vais vous répondre ?

Je déduisis du foulard épais qu'elle avait noué autour de son cou qu'il ne la protégeait pas seulement de la fraîcheur du soir : elle avait sans aucun doute fait partie des proies de Damon.

Je tâtai mes poches à la recherche d'un peu d'argent pour la soudoyer. Elle comprit où je voulais en venir et secoua la tête.

— Pas pour tout l'or du monde, chéri. Je ne ferai jamais ça à Damon.

— Vous n'avez aucune idée de qui il est, pas plus que de ce dans quoi vous vous embarquez, grondai-je en saisissant son poignet. (Mon commentaire sembla l'apeurer et elle tenta de se dégager.) Écoutez-moi. Je m'appelle Stefan Salvatore ; moi aussi, je suis accusé de l'assassinat des Sutherland. Mais nous sommes innocents. Tous les deux. Par contre, nous sommes en cavale. Maintenant, dites-moi où il est.

Je ne l'avais ni forcée mentalement à me répondre, ni exactement menacée. Lorsqu'elle hocha la tête en silence, je lâchai son bras.

— Je ne sais pas, répondit-elle en se frottant le poignet. Je sais qu'il aime bien prendre un verre de temps en temps, au nord de la ville, dans les bars huppés. Le Skinny Black Cat. Le Xerxes'Repose. Je crois bien qu'il a aussi sa table attitrée au Twenty-Two.

Au même moment, une serveuse s'approcha.

— Vous parlez du comte ? demanda-t-elle, un large sourire en travers du visage.

— Oui, confirmai-je en soupirant.

— Une fois, il m'a emmenée chez Strange Fruit à quelques rues d'ici.

— Tu es sorti avec lui ? la pressa l'hôtesse sur un ton envieux.

La serveuse répondit par l'affirmative avec fierté.

— Merci, dis-je.

Lexi ou Damon auraient contraint mentalement les filles à les effacer de leur mémoire. Moi, je ne pouvais que déplorer que mes pouvoirs ne soient pas plus grands et ma volonté moindre : ma vie en serait grandement facilitée.

Je consultai ma montre. Cinq heures du matin. Une heure s'était écoulée depuis que Lexi et moi avions pénétré chez les Sutherland. Le temps filait bien trop vite à mon goût et chaque seconde semblait sceller un peu plus le destin de mon amie.

Quelques instants plus tard, je me trouvais devant la porte de Strange Fruit, un grand bar, bas de plafond et sombre, aux ventilateurs géants en bois qui tournaient au ralenti. Les marins qui n'avaient pas été acceptés au bar à huîtres étaient là, entourés de toutes sortes d'individus suspects, âmes en peine et criminels de génie parvenus à rester de ce côté-ci des barreaux.

Seul, Damon était assis à une petite table bancale, en bras de chemise, une bouteille de bourbon à moitié vide devant lui.

— Tu panses tes blessures ? l'interpellai-je en m'approchant.

Il ne parut pas étonné de me voir ici.

— Un léger contretemps, petit frère, rien de plus. N'oublie pas que j'ai encore ces chèques de dot. Dès que les choses se tassent un peu, je mets les voiles après les avoir encaissés.

— Je doute qu'une banque accepte de monnayer le moindre chèque en faveur d'un meurtrier présumé.

— Il faut vraiment que tu apprennes à penser comme un vampire et plus comme un humain. Forcer un employé de banque à m'obéir est un jeu d'enfants.

Il s'étira avec langueur et remplit à nouveau son verre qu'il me tendit avant de prendre lui-même une longue gorgée au goulot.

— J'ai besoin que tu m'aides, commençai-je en écartant le whisky.

Je lui donnai le morceau de papier et lui racontai ce qui s'était passé.

Il plissa les yeux en lisant.

— Et ?

Je le fixai, bouche bée.

— Il a Lexi !

Puis, craignant qu'il ne soit trop ivre pour comprendre, je formulai l'évidence :

— Nous devons la sauver !

— Hum. (Il réfléchit pendant un moment.) Non.

Il prit un malin plaisir à croiser ses jambes sur la table comme si je l'avais interrompu au beau milieu d'une affaire de la plus haute importance.

— Qu'est-ce qui ne va pas chez toi ? Tu as vu ce type. Il n'en fera qu'une bouchée !

— Et alors ? C'est elle qui a choisi de venir à New York. Personne ne lui a rien demandé.

— Elle nous a délivrés de la prison...

— Nous... Rectification : *Je* m'en sortais à la perfection dans le domaine. Tu as oublié ? Nous serions sortis sans son aide. Pas besoin d'elle pour cela. Ni qu'elle se mêle de ce qui ne la regarde pas. Et si le fait qu'elle ait voulu fourrer son nez une nouvelle fois dans les affaires des autres l'a conduite où elle est à l'heure actuelle, eh bien, tant pis pour elle.

L'accès de colère qui s'était déclenché lorsque j'avais trouvé le mot de la bête se muait à présent en déferlement de rage qui, à peu de chose près, aurait très bien pu faire s'allonger mes crocs. À cet instant, je ne me souciai pas le moins du monde qu'on me voie.

— Tu...

Je m'efforçais de rester calme et de transcrire oralement toute la fureur que j'éprouvais. Damon se redressa, ses yeux dans les miens, impatient ou presque que l'affrontement démarre.

— Tu n'es... Tu n'es qu'un... crachai-je.

— Je ne suis que ce que tu as fait de moi, termina-t-il d'une voix terne.

Il leva son verre comme pour porter un toast.

Je l'empoignai par les épaules.

— Non ! Rien ne t'oblige à être un meurtrier sans cœur. Même Katherine ne jouait pas ce rôle.

Les iris de Damon lançaient des éclairs.

— Ce n'est pas toi qui vas m'apprendre qui était Katherine ! Je la connaissais bien mieux que toi.

Je niai d'un mouvement de tête.

— Même toi, tu sais que ce n'est pas vrai. Tu l'as aimée davantage mais je la connaissais aussi bien que toi. Tout ce qu'elle voulait, c'était qu'on reste unis pour l'éternité tous les trois. Elle aurait détesté qu'on se fâche, qu'on se batte, tous les deux. Jamais elle n'aurait cautionné tout... ceci.

Le mélange de surprise et de furie sur le visage de mon frère valait presque la peine que je lui tienne ce discours. Presque.

— Je vais sauver Lexi. Ou mourir en essayant. Et si, par quelque miracle, je ne meurs pas... je ne veux plus jamais te voir.

Et, avant qu'il n'ait le temps de prononcer une réplique acerbe ou menaçante, je sortis maladroitement du bar, laissant pour toujours mon frère derrière moi.

25.

Ma colère était tout ce qu'il me restait et j'en abusais, la laissant me nourrir, à l'instar du sang de mes victimes passées. Je ne saisissais pas l'indifférence de Damon, ne comprenais pas qui il était devenu. Seulement, son refus de m'aider ne changeait rien à mon devoir de sauver Lexi.

De l'autre côté de la rue, un cavalier sur une jument noir ébène s'adressait aimablement à un commerçant. À la seconde où ce dernier entra dans la boutique pour chercher quelque chose, je pris les rênes de l'animal et rompis ma promesse pour la deuxième fois en l'espace de vingt-quatre heures : je forçai l'homme à descendre de cheval et l'influençai pour qu'il entame une longue promenade à pied jusque chez lui.

En temps normal, j'étais plus rapide qu'un cheval, mais ma faim et ma fatigue me ralentissaient. Ainsi, grâce à de doux murmures à l'oreille de la jument et un coup de rênes, je partis au galop, direction le nord de la ville. Je jugeai ma monture bonne : elle répondait au moindre de mes mouvements, dès que je serrais un peu les genoux même. Les cheveux au vent, les sangles bien en main, j'aurais presque pu me croire au bon vieux temps.

Le ciel, pourtant, s'éclaircissait, des poches de bleu apparaissant ici et là, et je pressai mon cheval pour qu'il accélère. La vie de Lexi en dépendait.

Alors que nous remontions la longue allée jusque chez les Richard puis que nous empruntions le petit chemin qui conduisait à la chapelle familiale, sur le côté droit, j'eus confirmation que ma décision était la bonne. Je sentais la présence du vieux vampire, les relents de sang caillé, de mort et de putréfaction qui le suivaient partout à la trace. La jument hennit d'effroi.

Je bondis à terre avant qu'elle ne soit complètement à l'arrêt et la remerciai d'une petite tape affectueuse.

— Rentre chez toi, lui ordonnai-je.

Elle se cabra. On aurait dit qu'elle refusait d'abandonner sa liberté récemment acquise. Après un demi-tour, elle s'éloigna finalement en galopant.

Je pénétrai dans la salle de mes noces à toutes jambes, bousculant au passage un domestique qui me barrait la route.

Je découvris Lexi, sanglée à l'autel à l'instar d'une offrande dans un rite sacrificiel. Le parfum de verveine me brûla les narines. Les cordes qui retenaient Lexi en avaient de toute évidence été imbibées. Le soleil, enfin levé, projetait dans la chapelle, en passant par un vitrail exposé à l'est, un disque rouge sang. Alors que ses rayons venaient peu à peu lécher la surface de l'autel située aux pieds de Lexi, elle se tordit en haletant pour tenter d'écarter ses jambes. Un filet de fumée s'éleva à l'endroit où l'astre, fatal pour elle, avait commencé à toucher ses orteils. Une odeur de chair séchée emplit la pièce.

— Lexi ! hurlai-je.

— Stefan !

Elle sanglotait de douleur et de soulagement de me voir ici.

Je cherchai une solution immédiate. Trouver un moyen de libérer Lexi de ses cordages empoisonnés prendrait bien trop de temps et je ne voyais pas avec quoi j'aurais pu couvrir les vitraux : ni rideaux, ni tapis facile à retirer, ni chemin d'escalier. Sans me soucier une seconde de ma propre sécurité, je m'élançai vers elle pour prendre sa main fine et blanche et passai ma bague à son doigt.

— Mais Stefan... protesta-t-elle.

— Tu vas en avoir besoin si tu continues à me suivre comme ça pour m'éviter des ennuis, dis-je en détachant ses cordes.

La verveine me cuisait l'épiderme mais bientôt mon amie serait libre. En dépit de mon agonie, je me sentais léger et plein d'espoir. J'avais réussi. J'avais sauvé Lexi.

— Maintenant fi...

À cet instant, un filet imprégné du poison lui aussi s'abattit sur nous deux, enflammant de douleur tout mon corps.

— Va-t'en ! criai-je en poussant Lexi hors du piège.

Elle roula par terre puis saisit l'extrémité d'un banc pour se redresser. Mais alors qu'elle dépliait le bras, cependant, il traversa un rayon lumineux. Surprise, elle écarquilla les yeux : elle n'en revenait pas de ne pas voir de fumée émaner de sa peau, précisément intacte. Là, elle disparut, quittant les lieux à la vitesse surnaturelle qui était la nôtre.

Mains relevées pour tenter de tenir le filet à portée de mon visage, je m'enroulai sur moi-même, les cordages m'arrachant des cris chaque fois qu'ils me touchaient.

Le vieux vampire apparut, ses mains gantées de cuir, un rictus aux lèvres.

— Bonjour. (Sa bouche se fendit si loin qu'elle révéla toute sa dentition, forte et blanche, enfoncée dans des gencives qui, elles, pourrissaient.) J'étais certain que tu te porterais au secours de la veuve et de l'orphelin.

L'odeur répugnante qui rappelait un abattoir m'enveloppa tel le souffle d'un vent chaud au mois d'août : impossible d'y échapper, elle était écrasante. Malgré le filet qui me brûlait, je tentai de lui tourner le dos, ce qui le fit glousser.

— Où est celui qui te suit comme ton ombre sans que tu puisses pour autant l'attraper ? Où est ton frère ?

Je serrai les mâchoires. Connaissant Damon, il devait être en train de vider sa troisième bouteille de whisky, prêt à festoyer ensuite grâce à une ou deux filles de saloon.

Lucius m'examina et interpréta mon silence comme un acte de courage.

— Cela n'a pas d'importance. Je finirais bien par le trouver. Ton frère se rapproche beaucoup plus de la définition d'un véritable vampire que toi : à part sa petite personne, rien ne l'intéresse, et surtout pas l'envie de faire le bien. Il se peut qu'il te survive légèrement.

— Que comptez-vous faire de moi ?

En vérité, la réponse m'importait peu, maintenant que Lexi était hors de danger. J'aurais simplement voulu pouvoir tuer ce monstre, qu'il cesse de perpétuer sa vengeance, de causer autant de dommages chez les humains.

Malheureusement, la verveine annihilait mes pouvoirs et j'étais conscient qu'une simple égratignure faite à cette bête serait déjà une victoire, même maigre.

Il agrippa le filet pour me jeter sur son épaule comme si je n'étais rien de plus qu'un sac de viande, voire de plumes.

— Mon plan n'a rien d'extraordinaire, expliqua-t-il en descendant la nef d'un pas lourd.

Par terre, dans l'allée, il restait des pétales de rose, séchés et enroulés sur eux-mêmes. Les bouquets, dans les vases, étaient fanés à l'instar des mariées ; on n'avait touché à rien après leur meurtre.

— Cela dit, c'est un plan à long terme. Les vampires peuvent survivre des siècles et des siècles. Sans manger. Affamés mais survivant. Enfin, jusqu'à un certain point, j'imagine… Je n'en ai jamais été témoin mais l'avenir me le dira sûrement.

Il vira soudain à gauche, vers la chapelle privée, et marqua une pause devant des portes à deux battants. La crypte, compris-je tout à coup, saisi d'une terreur croissante. Bien que les pans de porte soient massifs, en marbre sculpté, Lucius n'éprouva aucune difficulté à les ouvrir à la volée d'une main avant de me laisser tomber hors du filet sur une surface en pierre, dans une pièce où tenait difficilement la dizaine de cercueils qui y étaient rassemblés.

L'espace d'un bref instant, je savourai le souffle d'air froid sur ma peau couverte de cloques.

Très vite, cependant, le vampire laissa échapper un grondement sourd.

— Lorsque la soif de sang te prend aux tripes, qu'elle te dévore de l'intérieur jusqu'à te rendre fou, ne t'inquiète pas : je serai là, à écouter, à regarder et à rire.

En guise de dernière image, je vis le monstre, debout, sa silhouette découpée par l'auréole de lumière que propageait le monde vivant. Il me salua de la main puis ferma brusquement les portes dans un fracas qui dut résonner à des kilomètres à la ronde. Je restai dans le noir absolu.

Je courus vers les portes et les heurtai de plein fouet. Elles ne vibrèrent même pas. Essayant de maîtriser mon hystérie grimpante, j'étudiai la pièce, humide et froide, et qui sentait le renfermé, cherchant une ouverture, un passage secret et ignorant la voix qui, au fond de moi, hurlait : « Stefan, c'est une crypte. La seule issue possible, c'est la mort. »

Je me frayai un passage entre les cercueils et les sarcophages. Malgré mon état de panique, je remarquai les sculptures ornementales, les charnières en laiton. Sur l'une des tombes, en marbre, figurait le portrait en relief d'une jeune fille. Elle avait de grands yeux et une bouche à la courbe joliment dessinée. Je m'effondrai sur la pierre, comme si j'avais pu prendre la fille dans mes bras, à travers.

Je me consolai en pensant que Lexi, au moins, était sauve. À défaut d'autre chose, je pourrais passer les prochains siècles à m'accrocher à cette idée, à imaginer que Lexi, quelque part au-dehors, vivait sa vie, libre et protégée par ma bague. Et peut-être, peut-être seulement, qu'elle essayait de me retrouver.

— Adieu, murmurai-je à son intention dans le silence du caveau.

Au même moment, les portes de la crypte se rouvrirent et une femme blonde, de petite taille, s'y engouffra puis s'arrêta dans un bruit sourd à mes pieds.

— Lexi ! criai-je alors que les portes se refermaient violemment derrière elle, nous replongeant dans l'obscurité totale.

— Hé, hé, répondit-elle d'une voix faible. Plutôt original comme lieu de retrouvailles.

26.

— Que fais-tu ici ?

Lexi leva un sourcil à mon intention.

— La même chose que toi : je me prépare à la longue et douloureuse éternité d'un huis clos.

— Non, je veux dire : pourquoi ne t'es-tu pas enfuie ?

J'aurais voulu la prendre par les épaules et la secouer.

— Évidemment que je me suis enfuie, imbécile. Mais il devait s'en douter. Je ne l'ai même pas entendu arriver. (Je la sentis frissonner.) Il a surgi de nulle part. (Sa voix devint plus sévère.) Je me demande si c'est l'effet que nous faisons aux humains lorsqu'ils nous voient. Si c'est le cas, et si jamais on sort de cet endroit, je jure que je vais mieux les traiter dans le futur. Je veux parler des humains, évidemment. Pas de l'affreux spécimen de notre espèce. Celui-là, je le tuerais sans une once de regret.

Je posai ma main sur son avant-bras pour l'apaiser.

— Tout ce que j'espère, c'est que nous en aurons l'occasion.

— Viens, il faut partir d'ici.

Elle prit son élan pour frapper violemment le centre des portes avec le talon de sa botte.

Un vacarme sourd retentit mais rien ne bougea.

Elle asséna un nouveau coup de pied circulaire. Et encore un. Puis un autre.

Toujours rien.

— Essaie avec moi ! insista-t-elle.

À trois, nous tapâmes ensemble.

— Il y a peut-être de la verveine dans la porte ? suggérai-je.

— La verveine ne rend pas les choses indestructibles. Par contre, il existe d'autres moyens de fermer quelque chose de façon définitive. Et ces murs ?

L'heure qui suivit, nous inspectâmes chaque pan de mur, le plafond, tous les recoins, détectant, grâce à notre sens du toucher surdéveloppé, le moindre petit trou. Nous ouvrîmes les tombeaux un à un, fouillant les restes humains pour trouver un objet qui aurait pu nous être utile.

— Pas de couteau, pas de crucifix en argent, pas de pièces de monnaie ni de porte-bonheur. Rien ! commentai-je en rugissant, les mains levées en l'air de frustration.

« Mauvaise nouvelle en effet » furent les seules paroles de mon amie.

Des heures plus tard, nous entendîmes qu'on donnait une messe dans la chapelle. Apparemment, il s'agissait d'une célébration en mémoire des Sutherland, les deux jeunes mariées, leurs fiers parents, tous assassinés… le tout accompagné d'une invective cinglante contre leurs meurtriers, partis avec l'argent de leurs dots. « Meurtriers, voyous, félons, voleurs... »

Le seul chef d'accusation qui manquait était celui de démon.

Aucune de ces insultes, pourtant, ne nous empêcha de continuer à hurler.

— À l'aide ! Au secours ! Par ici, m'égosillai-je.

La voix de Lexi se mêla à la mienne et atteignit des aigus qui manquèrent de me percer les tympans.

À un moment, je reconnus la voix caverneuse de Hilda alors qu'elle disait :

— Vous n'entendez pas quelque chose ?

Nous reprîmes espoir.

Mais cela ne dura pas longtemps. La célébration prit fin. Les gens sortirent en file indienne. Et nous nous retrouvâmes, une fois de plus, seuls, livrés à nous-mêmes.

Lâchant un soupir, Lexi me rendit ma bague.

— Merci beaucoup de me l'avoir prêtée, dit-elle posément en me la repassant au doigt. Mais je ne crois plus qu'elle me servira. Ni à toi, d'ailleurs.

Je l'étreignis avec force et lui chuchotai à l'oreille :

— N'abandonne pas.

Mes paroles, toutefois, sonnèrent creux dans le confinement de la crypte.

27.

Aucun indice, dans notre cellule, ne nous permettait de mesurer avec précision le passage du temps. Les portes obstruaient si massivement le soleil qu'il ne filtrait même pas par en dessous. Les jours se fondaient en des semaines. Des mois peut-être. Nous avions l'impression d'être enfermés depuis une éternité tout en sachant qu'elle continuait à s'étendre devant nous.

Lexi et moi avions cessé de parler, non pas de désolation ou de colère, mais d'impuissance. Il ne nous restait plus assez de forces pour hurler lorsque nous entendions quelqu'un approcher et encore moins pour nous lever et frapper la porte qui nous maintenait prisonniers. La volonté et l'énergie de combattre la noirceur, de nous relever face à elle nous avaient quittés. S'il avait fallu que mon cœur batte pour me faire vivre, je ne suis pas certain que j'aurais disposé de l'énergie nécessaire pour que le sang circule dans mes veines.

Étendus l'un près de l'autre, nous restions silencieux. Si quelqu'un nous trouvait, une centaine d'années plus tard, nous aurions l'air pitoyable d'une sœur et d'un frère, dans un conte de fées terrifiant, prisonniers de la cave d'une sorcière.

Chaque seconde qui s'écoulait me privait un peu plus de mon pouvoir. Mes yeux ne perçaient plus la pénombre. Le silence enveloppait tout, jusqu'aux bruits du dehors rendus inaudibles. Seul mon sens du toucher demeurait – la peau fraîche de Lexi quand je la frôlai, le bois du cercueil abîmé, dans mon dos, l'anneau de métal, inutile, à mon doigt.

Je me sentais à nouveau humain ou presque, au pire des sens du terme. Et, tandis que mes forces m'abandonnaient douloureusement, je devinais que mon immortalité en faisait autant. Jusqu'à ce qu'elle commence à disparaître, je n'avais jamais remarqué sa présence, mais désormais, je me considérais comme un simple amas de chair et d'os, de cervelle et de fluides, tout le surnaturel en moi ayant disparu.

Ne subsistait que ma faim.

Le vampire que j'étais continuait de réagir à la famine. Mes dents me faisaient atrocement souffrir et j'aurais pleuré toutes les larmes de mon corps si j'en avais eu. Chaque pensée me ramenait à mon obsession de boire du sang. Je rêvais à la perle de sang, semblable à un rubis, sur le doigt de Callie lorsqu'elle s'était coupée. Je goûtais en mémoire le liquide au goût fumé de Clementine Haverford, mon premier amour. Je revoyais mon père couché à terre dans une mare rouge qui formait le dessin étrange de doigts gourmands, tachant tout sur leur passage, à mesure qu'ils s'étendaient.

En bref, je ramenais tout au sang. Les vampires n'incarnent rien de plus que la faim. Ou plutôt la soif. Soif du sang de nos victimes. Nos yeux les convainquent de nous faire confiance, nos crocs déchirent leurs veines, nos bouches les vident jusqu'à la dernière goutte de leur nectar de vie.

Le sang...

Le sang...

Le sang...

Le sang...

L'écho repassait inlassablement en boucle dans ma tête, à l'instar d'une ritournelle impossible à oublier. Il s'infiltrait dans les replis de mon cerveau et parfumait le moindre de mes souvenirs de ses alléchants effluves.

C'est alors qu'une voix familière s'adressa à moi.

— Bonjour, Stefan.

— Katherine ? répondis-je d'une voix rauque, à peine perceptible.

Je parvins à pivoter la tête juste assez pour la voir se déployer avec volupté sur un matelas de coussins en soie. Son apparence était identique à celle qu'elle avait le soir du massacre avant qu'on l'emmène et qu'on la tue. Sublime dans sa tenue légère, ses lèvres pulpeuses me souriant avec complicité.

— Êtes-vous... en vie ?

— Chh... (Elle s'inclina pour me caresser la joue.) Vous êtes dans un piteux état.

Je fermai les yeux, envoûté par son parfum si familier, si réel. Elle avait dû boire récemment car sa peau paraissait incandescente dans la fraîcheur du tombeau.

— Je voudrais tant pouvoir vous aider, dit-elle tout bas, ses lèvres tout près des miennes.

— C'est... votre faute.

— Oh, Stefan ! Vous avez beau avoir témoigné un engagement moindre que votre frère, vous n'avez pas non plus rejeté mes... soins.

Comme pour illustrer ses propos, elle se pencha plus avant et m'embrassa la joue. Une fois... deux fois... trois fois. Puis, sa bouche descendit dans mon cou. Avec une extrême délicatesse, elle m'aguicha en me mordillant du bout de ses crocs.

Je gémis, pris d'un vertige subit.

— Mais vous êtes... morte... brûlée. J'ai vu... l'église.

— Préféreriez-vous que je sois morte ? (Des flammes dansaient dans ses pupilles.) Vous voudriez que je brûle, que je m'effondre par terre dans un tas de cendres, simplement parce que vous ne pouvez pas m'avoir pour vous tout seul ?

— Non ! protestai-je. (Je tentai d'éloigner ses lèvres de ma gorge.) Parce que vous avez fait de moi un monstre...

Son rire mélodieux tinta, semblable aux carillons que Mère avait accrochés sur le porche de devant, à Veritas.

— Un monstre ? Franchement, Stefan, j'aimerais qu'un jour vous vous rappeliez la vérité telle que vous la voyiez à La Nouvelle-Orléans : à savoir que je vous ai béni par mon offrande et non pas maudit.

— Vous êtes... aussi folle... que Klaus.

Elle se rassit, l'inquiétude creusant des lignes profondes autour de ses iris ambre. Sa lèvre inférieure se mit à trembler.

— Comment êtes-vous au courant au sujet de K... ?

Les portes de la crypte explosèrent en mille morceaux, moitié pierre, moitié bois ; on aurait dit qu'un boulet de canon venait de les transpercer.

Je protégeai mes yeux du soleil, ses rayons aussi agressifs que de l'acide. Lorsque je les rouvris, Katherine avait disparu et une silhouette vacillait dans l'encadrement de la porte détruite, se détachant sur fond de la lumière assassine.

— Klaus ? demanda Lexi d'une voix à peine audible et qui exprimait la terreur.

Elle agrippa ma main.

— Désolé de vous décevoir, nous répondit-on avec ironie.

— Damon !

Je peinai pour me redresser.

— Stefan, tu ne crois pas qu'il serait temps que tu arrêtes de te reposer sans arrêt sur ton grand frère pour qu'il vienne te tirer d'affaire ? Grandis un peu !

Sans plus de cérémonie, il me saisit par le poignet et me hissa hors du tombeau si fort que j'atterris contre le mur d'en face et retombai en boule sur le sol en marbre. Damon fit preuve d'un peu plus de délicatesse avec Lexi, mais à peine. Telle une poupée de chiffon, elle s'effondra près de moi, jambes de travers.

Un nuage de fumée et d'éclats de pierre flottait autour de nous, pareil à une nappe de brouillard. Je clignai des yeux face aux murs sans signe distinctif et essayai de me repérer.

— Tiens. (Damon m'offrit une flasque en argent.) Tu vas en avoir besoin si tu veux t'évader.

Je posai mes lèvres contre le goulot et goûtai le délicieux nectar.

De très loin, la voix de ma conscience me cria qu'il s'agissait de sang *humain* : je la fis taire en avalant à grands traits. Je bus avec avidité et l'énergie de quelqu'un de désespéré, et râlai quand mon frère m'arracha le flacon des mains.

— Gardes-en pour la dame.

Lexi vida la bouteille tout aussi goulûment, en silence, du sang sur le menton et partout autour des lèvres. Sa peau aussi ridée que celle d'une vieille femme, d'une extrême pâleur et aux traits tirés, se lissa d'elle-même et reprit une beauté naturelle, ses joues remplies d'une coloration rosée.

— Merci, moussaillon. J'en avais besoin ! souffla-t-elle.

Moi-même, je sentis que le liquide réinsufflait à mes membres vitalité et pouvoir ; mes sens retrouvaient leur pleine puissance et je renouai avec un sentiment de force que je n'avais plus éprouvé depuis que je me nourrissais exclusivement d'animaux.

Ayant recouvré une vue parfaite, je hoquetai soudain d'effroi. Debout derrière Damon se tenait une femme brune, une paume appuyée contre sa tempe, l'autre serrée contre elle. Les paupières closes, elle était parcourue de tremblements. Tout portait à croire qu'une atroce souffrance la figeait dans cette pose tandis qu'on la torturait physiquement et mentalement.

Margaret.

Elle n'était pas seule. Une forme lui faisait face, se tordant de douleur et c'est alors que je compris, tressaillant de surprise, que ce n'était pas Margaret qu'on malmenait mais elle qui infligeait à autrui un douloureux traitement. Sa victime, c'était Lucius.

Lucius, le vampire si puissant mais un simple serviteur de Klaus, le démon qui descendait tout droit de l'Enfer. Lucius avait assassiné une famille entière, m'avait capturé avec une facilité déconcertante, tout en attrapant Lexi à la manière d'un chat avec une souris gênante. Le monstre tenait sa tête à deux mains et poussait des cris terribles à faire trembler toute la chapelle.

— C'est Margaret ? demandai-je, abasourdi.

Damon me poussa vers l'extérieur.

— On ne peut pas la laisser ici !

— Elle s'en sortira très bien.

— Mais…

— Plus tard, les questions. Maintenant, filons.

Ainsi, après un dernier regard à la femme qui était parvenue à faire tomber l'Enfer à genoux, je m'enfuis, loin de ma prison, sous le clair de lune.

28.

La chapelle dans notre dos, nous quittâmes tous trois la propriété des Richard pour nous enfoncer aussitôt dans les bois. Des arbrisseaux nous piquaient les jambes alors que nous dévalions les pentes humides, privés de luminosité par des pins géants qui obstruaient le ciel. À notre place, des humains auraient dérapé sur le tapis forestier de feuilles glissantes et, incapables de voir à un mètre devant eux, auraient fini par s'écraser contre le tronc d'un arbre géant.

Mais en tant que vampires, nous nous déplacions avec l'agilité gracieuse de prédateurs, fendant la nuit comme nos prédécesseurs, des siècles plus tôt, lorsqu'ils couraient de village en village, sur la piste de leurs prochaines victimes, et qu'ils rencontraient parfois, au détour de leur chemin, un imprudent voyageur isolé.

Cette sensation de vitesse était grisante, exacerbée par le sang humain qui courait en sifflant dans mes veines.

J'en oubliais presque ce que nous fuyions ainsi, me perdant moi-même dans cette course effrénée.

Quand un bruit attira mon attention.

Il démarra tel un long roulement de tonnerre, escalada dans une cacophonie de plaintes inhumaines pour se terminer par un cri de désespoir. Les hurlements semblaient provenir de toutes parts ; ils assaillaient nos oreilles, couvraient toute la vallée, montaient jusqu'au ciel.

Ensemble, nous nous arrêtâmes net.

— On dirait que le vampire a réussi à s'échapper, commenta Damon avec mauvaise humeur.

— Margaret...

— Fais-moi confiance, petit frère, elle ne craint rien. Tu as vu ce qu'elle lui a fait subir ?

— Qu'est-elle exactement ?

— Une sorcière.

— Comme Emily ?

Dans ce cas, cela confirmait ma théorie. Le monde était-il plein de sorcières, de vampires, de démons et Dieu sait quoi encore, invisibles à l'œil humain ?

— Je me doutais bien qu'elle était différente. Cette façon qu'elle avait de résister quand j'essayais de la contrôler... expliqua Damon. Pour finir, je lui ai donc posé la question. Elle a répondu en toute simplicité. Pas du genre à mâcher ses mots, cette fille.

— Cela signifie qu'elle a...

— Formulé une incantation censée la protéger elle et sa famille, avant de faire bouillir la cervelle de l'autre grâce à ses pouvoirs surnaturels afin de nous faire gagner un peu de temps. J'insiste sur le « un peu », ajouta-t-il. J'espère au moins que sa formule de protection continue d'agir.

Un autre rugissement terrible retentit.

— Avançons, ordonna Lexi et nous nous remîmes en chemin.

Les bois semblaient s'assombrir, comme si la nature elle-même redoutait l'approche de notre ennemi. À chacun de ses pas, la terre était parcourue de tremblements.

Damon et moi bondîmes par-dessus un tronc à terre. L'espace d'une fraction de seconde, nos mouvements furent synchronisés à la perfection. Mais bientôt, nous nous figeâmes sur place, au bord d'une falaise qui surplombait le nord de l'île de Manhattan.

— Hum..., dit mon frère alors qu'il jetait un œil dans le précipice.

— Il va falloir que nous trouvions un autre moyen de descendre, intervins-je en regardant derrière moi le chemin par lequel nous étions passés. Un...

Dans un cri, Lexi se laissa tomber dans le gouffre.

Je la suivis des yeux, horrifié par la scène.

— Un autre moyen ? (Mon frère agita la tête d'un air déçu.) Tu continues à penser comme un humain, petit frère.

Il imita Lexi.

Je jurai dans ma barbe tout en le regardant disparaître entre les branchages, en dessous. Finalement, je sautai à mon tour.

Aussi effrayante qu'ait pu paraître la chute, elle offrait également le sentiment d'une véritable libération. Léger comme l'air, je sentais le vent s'engouffrer entre mes doigts et dans mes cheveux, grisé par l'impression de voler ou presque.

Je trouai violemment une canopée de feuilles et roulai par terre pour atterrir sur le côté droit avec une cheville fracturée qui se ressouda d'elle-même avant que j'aie eu le temps de l'examiner.

Immobiles, Damon et Lexi, la tête penchée, tendaient l'oreille pour analyser l'étrange calme qui nous entourait tout à coup.

— Nous l'avons semé, conclut mon frère triomphalement. Il ne s'est pas rendu compte que nous avions sauté de la falaise ! Quel...

— Il arrive, le coupa Lexi, les yeux écarquillés.

Le silence était effectivement total comme si toute espèce vivante s'était tue ou était morte. Nous patientâmes, incertains quant à la marche à suivre bien que ne sachant pas ce que nous attendions.

À cet instant, une brindille ploya, qui trahit la présence du monstre.

— Fuyez ! hurla Lexi.

Nous nous élançâmes mais je commis l'erreur de jeter un regard par-dessus mon épaule. D'un côté, j'avais l'impression qu'un homme âgé me poursuivait avec une rapidité déroutante ; de l'autre, l'ombre que propageait la lune indiquait une forme inhumaine, bien plus imposante que l'homme que je voyais. Les buissons et les arbres s'écartaient devant lui pour s'écraser au sol avant même qu'il les ait touchés.

Je redoublai de vitesse.

Nous n'avions pas d'autre choix que de poursuivre vers le sud. La forêt devint moins dense et les premiers signes de la civilisation apparurent avec laideur : une ultime ferme désolée, seule, quelques lopins de terre à l'abandon, une zone industrielle, un hôtel, des chemins de terre qui laissaient place à des routes pavées étonnamment saturées, à une heure aussi avancée, de chevaux, de calèches, de taxis et de piétons.

Dans notre dos, le vieux vampire gagnait en puissance chaque fois qu'il traversait une nouvelle ombre pour s'en nourrir.

Nous tournâmes à l'angle d'une échoppe de fruits, renversant les paniers au passage. Sur ma nuque soufflait l'haleine putride qui précédait notre ennemi. Nous nous engouffrâmes dans un quartier pauvre, slalomant entre le linge qui séchait et les cuves pleines d'eaux usées. Notre poursuivant, lui, lançait de tous côtés chaque objet ou personne se mettant en travers de son chemin pour nous rattraper. Alors que nous pensions l'avoir semé dans le dédale de ruelles et de contre-allées, nous percevions encore sa force et les vibrations qu'envoyait sa colère dans la nuit.

Lexi, devant, ouvrait la voie. Que ce soit dû à ses pouvoirs ou à sa connaissance de la ville, elle parvenait toujours à trouver le bon escalier de secours où passer, avec la pile d'ordures adéquate où sauter. Peut-être avait-elle déjà, auparavant, tenté d'échapper à un démon de ce calibre.

— Le port, déclara-t-elle. C'est notre seule chance.

Damon acquiesça de la tête. Pour une fois, il ne paraissait nullement gêné de devoir obéir à quelqu'un. Nous prîmes la direction ouest, en passant par les avenues qui bordaient l'Hudson.

Lexi plissa soudain les yeux, un doigt pointé devant elle : un clipper avec une jolie coque bleue et brillante quittait à l'instant le quai, chargé de toutes sortes de produits locaux destinés à l'export.

En prenant son élan, Lexi survola la bande d'eau qui séparait le bateau de l'embarcadère. Les bras en l'air, tel un chat bondissant sur sa proie, elle atterrit sur le pont. Damon et moi la suivîmes sans attendre. Alors que nous

nous redressions, déjà, Lexi était en train de manipuler un marin qui avait été témoin de notre intrusion.

— Nous sommes sur la liste des passagers. Mes frères et moi avons une couchette à bord. Nous n'avons pas embarqué clandestinement, en sautant...

Damon examina avec intérêt le navire, visiblement enchanté par le cadre.

Pour ma part, j'étudiai le quai. Là, contre le bastingage, un homme d'apparence anodine se tenait seul, son visage d'une pâleur rivalisant avec la lune, comme s'il en avait absorbé tous les rayons. Il faisait semblant d'observer innocemment les allées et venues des embarcations.

Mais dans ses yeux, je pouvais lire sa rage, son désir de vengeance, éternelle et fatale.

29.

Le bateau s'appelait le *Mina M.* Rapide, superbe, avec des lignes pures et des voiles d'un blanc immaculé. Son mât luisait sous la couche de vernis, arborant de fiers drapeaux rouges qui claquaient au vent.

Debout, à la proue du navire, je fermai les yeux et me représentai notre voyage. Une brise marine salée me fouetterait les joues, rougies également par les puissants rayons de soleil, pendant que le *Mina* fendrait les vagues, un sillage d'écume et d'embruns derrière lui. Des poissons argent miroiteraient dans l'eau, se hâtant de sortir des remous.

Lors de nos périples, nous croiserions des yoles chargées à ras bord de bananes ou de rhum en provenance des Antilles. Nous ramènerions des épices d'Inde et je verrais enfin l'Italie où je pourrais fouler le sol de la chapelle Sixtine, m'émerveiller face au dôme et boire du chianti directement chez les producteurs.

Cela marquerait la transition vers ma nouvelle vie. Voyager au rythme des marées plutôt que me confiner à une existence cachée, dans l'ombre. Je ne resterais jamais trop longtemps dans un port, distançant la mort, déjouant ma malédiction. Les marins n'avaient en général pas d'amis si ce n'est l'équipage avec lequel ils naviguaient : dans mon cas, ce serait idéal.

Mais là, j'ouvris les yeux et mes rêves s'évaporèrent dans les ténèbres de la nuit. Une chape nuageuse obstruait la voûte étoilée. Le *Mina* glissait en silence sur la mer d'huile.

Ainsi en allait-il du royaume des vampires. Même si ma bague me permettait de me déplacer en plein jour, mon monde restait celui de l'obscurité. C'est là, lorsque le soleil se couchait, que je chassais, que je me soustrayais à l'ennemi, maudissant le mauvais sort, rompant mes promesses, entretenant ma haine à l'égard de moi-même. Nous avions échappé au serviteur de Klaus, mais ne l'avions pas vaincu pour autant. Lui et son maître étaient toujours là, quelque part, à fomenter des plans pour nous torturer Damon et moi, jusqu'à ce que mort s'ensuive.

Lexi me rejoignit sur le pont et posa une main sur mon épaule.

— Nous nous dirigeons vers San Francisco, m'apprit-elle. Je n'y suis pas allée depuis... une éternité. Je suis certaine que tu vas adorer la brume et le mauvais temps. C'est parfait pour ruminer ! (Elle me sourit du bout des lèvres.) Et quelque chose me dit que tu vas en prendre ton parti.

Je m'appuyai contre le garde-corps mais n'eus pas le cœur de lui répondre qu'il n'y aurait jamais de place pour moi en ce monde, que je resterais à jamais un exclu. Et que je ne méritais pas non plus une telle vie après toutes celles que j'avais volées.

Le vent ébouriffa mon épaisse chevelure brune ; Lexi me passa une mèche derrière l'oreille.

— Il a dit « œil pour œil, dent pour dent », commençai-je.

— Oui, eh bien… (Elle inspira profondément et afficha une mine grave, le front plissé.) Notre bateau est rapide et cela va lui prendre un moment avant de découvrir notre lieu de destination. En plus du chargement de thé et de café, il y a à bord une cargaison importante d'opium qu'ils comptent décharger à San Francisco. Le capitaine a délibérément omis d'enregistrer sa feuille de route auprès du capitaine du port, alors il va falloir un certain temps avant que quiconque ne sache où on a mis les voiles.

— Non. Enfin, oui, c'est bien. (Je m'essuyai le visage soudain aspergé d'eau de mer.) Ce que je veux dire… c'est qu'il a tué les femmes censées devenir nos épouses parce que nous avons tué sa Katherine.

Lexi frissonna en hochant la tête.

— Puis, il s'en est pris à toi… et il a failli nous tuer tous les deux, et Damon avec nous, dans une église, de la même façon que Katherine a été tuée.

— Je ne suis pas sûre de te suivre.

— S'il a porté autant de soin au choix de ses victimes et à la manière de les tuer, pourquoi ne pas avoir mis le feu à la chapelle, tout simplement ?

Lexi battit des paupières. Je vis qu'elle analysait la situation d'un point de vue logique. Pendant quelques instants, elle ne parla pas. Je n'arrivais pas à déchiffrer ses pensées et me sentais mal à l'aise de penser à Katherine dans un moment pareil.

— Stefan, écoute-moi bien s'il te plaît. Il existe plusieurs niveaux de vice chez les êtres de notre espèce. Des atrocités commises par ce monstre aux... petites mesquineries qui existent pour le plaisir de certains vampires, indépendamment de ceux qu'elles touchent.

« Katherine a voulu faire de toi un vampire et regarde le résultat. Ne t'apitoie pas trop longtemps sur son sort, Stefan. Ne cherche pas en vain des indices quant à sa vie et sa mort. Il faut tourner la page. Lui dire adieu est vraiment ce que tu peux faire de mieux.

Je tournai la tête pour me concentrer sur la seule étoile capable de percer la nappe de brouillard : l'étoile Polaire. Katherine lui était semblable : fixée à un point, pareille à un spectre immobile et silencieux qui planait au-dessus de moi, un repère grâce auquel mesurer mes progrès. Peu importaient mes sentiments à son égard, si j'étais un vampire, c'était de son fait ; pour cette raison, elle ne me quitterait jamais complètement.

— Nous ne sommes pas des êtres vils. (Je passai un bras autour des épaules de mon amie.) Pas toi, quoi qu'il en soit.

— Je suis bien plus âgée que toi, répondit-elle d'une voix posée. Et celle que je suis aujourd'hui n'a rien à voir avec ce que j'ai pu être par le passé. Tu n'es pas le seul à devoir te racheter, Stefan. Mais je me suis jurée de ne pas agir comme les autres, en effet.

— Des promesses, des promesses. (Damon nous rejoignit sur le pont en trébuchant.) Vous ne pensez pas qu'on a juré assez de choses pour le restant de nos jours ?

— C'est toi qui as eu l'idée de ce mariage, rappelai-je.

— Ah, ah, je suis un vampire, mes noces ont été grandioses, j'ai bu du champagne, mon frère m'a sauvé la vie mais je suis toujours torturé.

Il rebondit contre le garde-fou, se propulsant ainsi de bâbord à tribord et inversement jusqu'à remonter jusqu'à nous. Un spectateur non averti en aurait déduit qu'il était saoul, mais les taches de sang aux coins de ses lèvres ne trompaient pas. Il était ivre de liberté après notre évasion, ivre du nectar vital d'un pauvre matelot mais pas à cause de la boisson. Pas encore, en tous les cas.

— En parlant de sauver la vie, et Margaret...

Mon frère poussa un soupir.

— Lorsque je l'ai mise devant le fait qu'elle résistait à mon emprise, elle a avoué qu'elle était une sorcière et m'a proposé de m'aider.

— Aussi facilement que ça ?

Je restais sceptique.

Damon leva les yeux au ciel.

— En échange, j'ai dû promettre que nous quitterions New York et n'y remettrions plus jamais les pieds – de son vivant, à tout le moins. Et aussi – c'est ce qui me tue – j'ai été obligé de lui rendre nos dots.

— Oh, Damon, tu m'en vois désolée, dit Lexi, avec des pupilles pétillantes qui trahissaient son ton sérieux. Ton plan d'escroquer les riches a échoué. La prochaine fois !

Elle lui donna un petit coup de poing dans l'épaule.

— Nous lui devons la vie, repris-je. Rien ne l'obligeait à nous aider. D'ailleurs, elle n'aurait probablement pas dû. Son incantation pour la protéger elle et son mari : vous pensez vraiment que cela va suffire ?

— J'aime à le croire, oui. Dans un cas comme dans l'autre, son âme est bien plus pure que les vôtres, jugea Lexi.

— À ce propos... (J'avais du mal à ne pas rire.) Qu'est-ce qui t'a fait changer d'avis ? Pourquoi être revenu me sauver ? J'avais cru comprendre que jamais tu ne me pardonnerais et que tu me gâcherais la vie jusqu'à la fin des temps.

Les yeux bleus de Damon étaient voilés.

— Oui et je pensais tout ce que j'ai dit. Je ne te pardonnerai jamais. Et je te torturerai jusqu'au restant de tes jours.

Je désapprouvai de la tête, essayant de faire obstacle à la rage qui montait en moi. J'aurais voulu crier à Damon que, s'il avait perdu l'amour de sa vie, j'avais dû dire adieu à une vie que j'aimais. À mon père. À mon foyer.

À mon frère.

Cependant, aussi vite que la colère s'était déclenchée, elle m'abandonna, me laissant vide. Comment pouvais-je attendre de mon frère qu'il me pardonne de l'avoir changé en vampire quand moi-même je ne me le pardonnais pas ? Autrefois, il m'avait aimé comme j'avais aimé Katherine par le passé ; pour autant, il restait impossible pour moi d'envisager de lui pardonner ce qu'elle m'avait fait.

Damon m'empoigna par les épaules.

— En plus... (Au coin de ses lèvres, j'aperçus un petit rictus.) Si quelqu'un doit te tuer, ce sera moi et personne d'autre.

Puis, à la vitesse de la lumière, il sauta à pieds joints sur le bastingage, se balançant sans ciller alors que le bateau tanguait sur l'eau. Damon ressemblait à une figure de proue, sculptée dans le marbre.

Il leva une main pour me saluer.

— À bientôt, petit frère.

Puis, avant que j'aie le temps de prononcer la première syllabe de son prénom, il plongea dans les eaux sombres, au-dessous.

Je courus à l'avant du navire pour examiner les remous, alentour. Damon, toutefois, ne refit pas surface. Lexi et moi restâmes immobiles pendant ce qui sembla durer des heures, jusqu'à ce que nous soyons à une distance telle du rivage et du ciel que nous eûmes l'impression d'être suspendus dans le néant.

Alors, quand le soleil finit par réapparaître, rouge, au-dessus de la ligne d'horizon, nous regagnâmes le confinement de notre cabine pour discuter de notre avenir.

ÉPILOGUE

Mon séjour à New York a permis de clarifier les risques liés à mon existence. En dépit de mes bonnes intentions, je représente un danger pour les humains que j'approche tandis que mon frère est un danger en soi.

Et maintenant ? Que me réserve l'avenir ? Mes jours semblent s'écouler comme des minutes. J'imagine que cela signifie que je m'habitue au concept d'éternité.

J'ai perdu tant de choses au cours des mois qui se sont écoulés depuis ma transformation. À l'inverse, j'ai gagné du temps. Et, avec le temps, des opportunités. Je vais pouvoir découvrir l'Italie. Ainsi que le reste de l'Europe. Je voyagerai de par le monde. Mais jamais plus je n'établirai de foyer parmi les humains.

Quant à Damon... je pense que nous avons un long chemin à parcourir ensemble ; notre histoire est loin d'être finie. Et si l'un d'entre nous venait finalement à trouver la mort, ce ne pourrait être qu'à cause de l'autre.

Et, en toile de fond, précédée par son fameux parfum citron-gingembre, Katherine se rirait de nous pour l'éternité.

Composition Nord Compo

Impression réalisée par
CPI BRODARD ET TAUPIN
La Flèche
en août 2011

« Pour l'éditeur, le principe est d'utiliser des papiers composés de fibres naturelles, renouvelables, recyclables et fabriquées à partir de bois issus de forêts qui adoptent un système d'aménagement durable. En outre, l'éditeur attend de ses fournisseurs de papier qu'ils s'inscrivent dans une démarche de certification environnementale reconnue. »

Imprimé en France
N° d'impression : 65307
20.19.2344.8/01 – ISBN 978-2-01-202344-4
Dépôt légal : septembre 2011

Loi n° 49-956 du 16 juillet 1949 sur les publications destinées à la jeunesse.